Nicht zu bremsen

Ein jugendlicher Fußballstar
fing an zu evangelisieren

Die Lebensgeschichte des Verkündigers
und Missionsgründers James Stewart

Aufgrund seiner eigenen Aufzeichnungen
nacherzählt von Wolfgang Zöller

sjd

Verlag der
St.-Johannis-Druckerei
C. Schweickhardt
Lahr-Dinglingen

Dieses Buch entstand
mit freundlicher Genehmigung
der
Global Baptist
Gospel Projects
Missions, Inc.
Including Revival Literatur,
Asheville, North Carolina, USA

CIP-Kurztitelaufnahme der Deutschen Bibliothek

Zöller, Wolfgang:
Nicht zu bremsen: e. jugendl. Fußballstar fing an zu evangelisieren; d. Lebensgeschichte d. Verkündigers u. Missionsgründers James Stewart / aufgrund seiner eigenen Aufzeichn. nacherzählt von Wolfgang Zöller. [Übers.: Gerhard Meyer]. – Lahr-Dinglingen: Verlag der St.-Johannis-Druckerei C. Schweickhardt, 1986.
(TELOS-Bücher; 2098: TELOS-Paperback)
ISBN 3-501-00156-8
NE: Stewart, James [Begr.]; GT

ISBN 3 501 00156 8

TELOS-Bücher
TELOS-Paperback 2098

Übersetzung des Buches »I must tell« von James Stewart:
Gerhard Meyer, EURO RUF Schwarzenborn
Titelbild: Foto Fischer/Prenzel
Gesamtherstellung:
St.-Johannis-Druckerei, 7630 Lahr
Printed in Germany 8951/1986

INHALT

VORWORT

Vor nicht langer Zeit schockierte ein Evangelist seine Zuhörer mit dem Ausspruch: »Wo gibt es denn noch echte Protestanten? Der Protest ist weg. Geblieben sind die Tanten . . .« Wer das Leben des Schotten James Stewart betrachtet und an seinem Dienst so manche heute anzutreffenden Evangelisationsmethoden mißt, kann zu dem Schluß kommen: Die Vollmacht ist weg – geblieben sind die Macher . . .

In der Tat war es eine andere Zeit und andere Welt, in der James Stewart lebte. Das machen das Wirken Gottes durch diesen Mann sowie die Auswirkungen dieses Wirkens deutlich. Doch der Vergleich mit den Menschen früherer Jahrzehnte und deren allgemeinem sowie religiösem Bewußtsein einerseits und der modernen, größtenteils zu televisionärer Weltbürgerverblödung heruntergekommenen Gesellschaft der Gegenwart andererseits kann die Tatsache weder ausreichend erklären noch entschuldigen, daß derartige Wirkungen des Wortes und des Geistes Gottes heute durchweg nicht mehr erlebt werden, wie sie im Leben und Wirken eines James Stewart selbstverständlich waren.

Einer der ersten hauptamtlichen Mitarbeiter, die James Stewart nach dem Zweiten Weltkrieg mit auf den europäischen Kontinent brachte, war die – heute zum Janz Team gehörende – Canadierin Tina Blatz. Sie schreibt über James Stewart: »Er war ein Mann, der von Gott gerufen war. Und dieser Berufung war er sich gewiß.« Nach dem Krieg arbeitete Tina Blatz mit dem Evangelisten und dessen Frau etliche Jahre eng zusammen. Für die Erklärung seines Geheimnisses fallen ihr nur diese schlichten Worte ein: »Man war nicht lange mit ihm zusammen, und er ging auf die Knie und betete. Er stand in Kontakt mit Gott. Er hatte ein kindliches Vertrauen und wagte unmögliche Dinge. Gott erhörte seine Gebete.«

Zwischen der großen Zeit eines Charles Grandison Finney (1792–1875) eines Dwight Lyman Moody (1837–1899) und eines Charles Haddon Spurgeon (1834–1892) sowie dem gerade vor dem Ersten Weltkrieg geborenen James Stewart lagen zwei oder drei Evangelisten-Generationen. Aber James Stewart bewegte sich, was die Arbeitsweise, die geistliche Einstellung wie auch die Resultate betraf, noch ganz in dieser Linie.

Unbelastet von vorangegangenen Schwarmgeist-Bewegungen mit ihrem Offenbarungspluralismus und ihrem Zerrbild vom Wirken des Geistes Gottes, predigte James Stewart unkompliziert und geradeheraus das Wort Gottes und ließ in völliger Demut dem Geist Gottes Raum zum Wirken an den Herzen der Zuhörer. Stewart wußte vor allem anderen das eine, daß er selbst nichts war und sein Herr alles.

Daß die von Gott durch diesen Mann gewirkte Frucht bleibend war, hat Tina Blatz bei ihren Reisen während der fünfziger Jahre durch verschiedene Länder des Ostblocks festgestellt: »Wenn ich fragte, wer den Stewart Jakob gekannt hat, dann hoben viele die Hände hoch. Die meisten von ihnen waren früher durch ihn zum Glauben gekommen. Und nicht wenige haben um ihres Glaubens willen ihr Leben hingegeben.«

Es ist wahr, daß die Botschaft vom Kreuz in die Menschen vor 1955 viel leichter und besser Eingang fand, weil deren Köpfe und Herzen längst nicht so von dem Gedankengift-Gemisch Darwin-Marx-Freud-Bultmann beherrscht und abgestumpft waren wie die Masse der Mediensklaven von heute. Das ändert jedoch nichts an der Wahrheit und Kraft der Botschaft sowie am Auftrag des erhöhten Herrn, diese lebendige und lebensschaffende Botschaft weiterzusagen. Wenn es denn heute einen Mangel an Durchschlagskraft festzustellen gibt, so kann dies nicht am Wort Gottes liegen, sondern nur an denen, die es verkündigen, oder an denen, die es hören.

Vor dem Hintergrund dieses Problems gewinnt die Betrachtung des Lebens und Wirkens von James Stewart eine ganz neue Aktualität. Über seinem Leben steht mehr als nur jene alttestamentlich-klassische Weisheit: ». . . und wenn's köstlich gewesen ist, so ist es Mühe und Arbeit gewesen.« Über ihm steht das Wort des Herrn: »Gut, du braver und treuer Knecht! Du bist über wenigem treu gewesen, ich will dich über vieles setzen; gehe ein zu deines Herrn Freude!«

»Über wenigem treu« zu sein bedeutet in erster Linie, daß ein Diener Gottes ganz und gar auf das Wort und den Willen Gottes fixiert ist und alle störenden Einflüsse so weit wie möglich ausschaltet. James Stewarts Geheimnis lag in drei Dingen: Glaube, Gehorsam, Ganzhingabe. Möge dieses Buch manchem Leser helfen, diesen Weg zu finden und Herz und Leben ganz und gar Jesus Christus zuzuwenden!

Schwarzenborn, im Januar 1986
Wolfgang Zöller
EURO SEMINAR – Bibelschule Hoher Knüll

»Ein genialer Esel«

Die örtliche Tageszeitung verkündete es in ihrer eigenen Sprache: »Beim Lernen ist Jimmy ein genialer Esel – im Sport ist er ein Genie!« Die einen lachten über ihn, die anderen brachten ihm uneingeschränkte Bewunderung entgegen. Ganz Glasgow kannte den Zwölfjährigen, der sich auf dem Fußballfeld bewegte wie ein Profi und innerhalb der Mannschaften erwachsener Spieler nicht nur anerkannt, sondern als Torschütze gefürchtet war. Für die Fußballfans der schottischen Stahlkocherstadt war der kleine Jimmy bereits ein Star. Für seine Lehrer war er ein Problemfall.

Das runde Leder als Kultgegenstand

Es war die Zeit nach dem Ersten Weltkrieg. Europa zitterte im Spannungsfeld zwischen wirtschaftlicher Unsicherheit, sozialen Unruhen und nationalistischen Stimmungsaufbrüchen einzelner Völker. Wo im Volk das Brot knapp war, gab man den Spielen eine Überbedeutung, flüchtete man sich in die Sportarenen. Mehr als anderswo auf der Welt wurde auf den britischen Inseln das runde Leder zum alles überragenden Kultgegenstand. Auch bei dem Schüler James Stewart drehte sich das Denken, der Tagesablauf und das ganze Leben einzig und allein um den Fußball.

Sieg um jeden Preis

Körperertüchtigung, Kombination, Kampfgeist – der kleine Kicker hatte nichts anderes im Kopf, als die am nächsten Wochenende gegen ihn und seine Mannschaft antretenden Gegner, ihre Taktik, ihre Schwächen und das Ziel, sie um jeden Preis zu besiegen. Den Ruhm, nicht nur von jüngeren und gleichaltrigen Kindern, sondern auch von zahllosen Erwachsenen angehimmelt zu werden und immer wieder einmal in der Presse zu erscheinen, genoß Jimmy nebenher. Der Fußball selbst, der Kampf, der unstillbare Drang, sich im sportlichen Gegeneinander durchzusetzen, beherrschten den Jungen. Nur die Mutter daheim sah ihn und sein Leben mit völlig anderen Augen. Das wußte er. Und davon konnte er sich nicht lösen, ob er wollte oder nicht.

Kalte Dusche von der Mutter

Manchmal empfand er sie als Spielverderber. Eines Tages wurde Jimmy nach siegreichem Match von einer auf Wolken der Begeisterung schwebenden Meute bis vor die Tür des elterlichen Hauses geleitet. Als er die Tür hinter sich geschlossen hatte, wirkte der Anblick der Mutter auf ihn wie eine kalte Dusche. Auf ihrem Gesicht lag der Ausdruck einer tiefen Enttäuschung. Sie sagte nichts. »Was ist dir, Mutter?« fragte er, »die Leute sind begeistert! Warum du nicht?« Ihre Augen begegneten den seinen. »Ich habe dich Gott für seinen Dienst geweiht, schon bevor du geboren wurdest«, antwortete sie. »Für das, was du machst, hat er dich mir nicht gegeben . . .«

Vorbild des Elternhauses

Ihre Worte trafen Jimmy sehr tief. Er kannte seine Eltern von Anfang an ausschließlich als Menschen, die im Glauben an die Bibel, das Wort Gottes, lebten und nicht nur eine Überzeugung vertraten, sondern ihr gesamtes praktisches Leben im Alltag darauf eingestellt hatten. Ihr Verhalten war so schlicht und konsequent, daß es an ihrer Glaubwürdigkeit für Jimmy keinen Zweifel gab. Und was dem Jungen am schärfsten durch Mark und Bein drang, war der Gedanke daran, daß seine Mutter, wenn es um ihren Jungen ging, in ständiger Zwiesprache mit ihrem Gott stand.

Reicher als Andrew Carnegie

Die Mutter wußte um ihre weitläufige Verwandtschaft mit dem 1835 im schottischen Dunferline geborenen und in Amerika zu unvorstellbarem Reichtum und Ruhm gelangten »Stahlkönig« Andrew Carnegie, der 1919 in Lenox in Massachusetts gestorben war. Ihr Reichtum war jedoch, obwohl sie in einfachsten Verhältnissen lebte, unendlich größer. Sie wußte um die lebendige Hoffnung durch die Auferstehung Jesu Christi aus den Toten, um ihr im Himmel für sie aufbewahrtes unverwesliches, unbeflecktes und unverwelkliches Erbteil. Sie stammte von einer Farm bei der Stadt Bushmill, nicht weit vom Felsenstrand Giant's Causeway an Irlands Nordspitze entfernt.

»Gott segne dich, Agnes«

Mit 13 Jahren erlebte sie eine von der Heilsarmee veranstaltete Evangelisation und kam an einem Abend in das Zimmer ihres Vaters gestürmt mit dem Schrei: »Ich bin bekehrt!« Der Vater sprang auf, nahm seine Tochter in die Arme und sagte ihr leise ins Ohr: »Gott segne dich, Agnes. Ich wußte, daß es geschehen würde, denn ich habe für dich gebetet.« James Stewart war immer wieder überwältigt, wenn seine Mutter noch im hohen Alter von 84 Jahren erzählte, wie sie innerhalb der ersten Woche nach dem Beginn ihres neuen Lebens ihre Schulkameradin auf den Weg des Glaubens an Jesus Christus führen konnte. Aber als fußballverrückter Schulbub hatte er noch nichts davon geahnt, daß er selber eines Tages – und das schon sehr bald – als Menschenfischer im Auftrag Christi unterwegs sein würde.

In der Einflusslinie Spurgeons

Sein Vater verlor bereits in jungen Jahren seine Eltern und machte als Kind in der nordirischen Stadt Lurgan schwere Zeiten durch. Im britischen Empire hatte man zu jenen Zeiten kaum Hemmungen, Jungen und Mädchen im zarten Kindesalter an die härteste Arbeit zu tun. Während er noch die Schulbank hätte drücken müssen, beschäftigte man den kleinen Iren bereits auf der Werft von Dumbarton als Schiffbauer. Die Christen der Stadt kamen in einem Versammlungshaus zusammen, in dem Pastor Edward Last predigte; dieser kam aus dem Umfeld des berühmten Erweckungspredigers Charles Haddon Spurgeon und war mit dessen Sohn Thomas Spurgeon befreundet. Die besondere Vollmacht von Edward Last lag im seesorgerlichen Gepräch und in der persönlichen Evangelisation. Bei ihm drang der jugendliche Schiffbauer, als er noch nicht ganz 13 Jahre alt war, zum lebendigen Glauben an Jesus Christus und damit vom Tode zum ewigen Leben durch. Viele Jahre später, als sein Sohn Jimmy selber das Evangelium öffentlich verkündigte und mit Pastor Edward Last zusammenarbeitete, nannte dieser den jungen Evangelisten liebevoll seinen »geistlichen Enkel«.

Bibel im Zentrum des Familienlebens

Gott brachte die Eltern in der Stadt Glasgow zusammen. Sie lernten sich als Gotteskinder kennen und heirateten, weil sie sich nicht nur liebten, sondern dies auch als ihren vom Herrn vorgezeichneten Weg erkannten. Sie befahlen ihr Einswerden der Gnade Gottes an und machten unmittelbar nach der Eheschließung die Hausandacht zur festen Einrichtung ihres täglichen Lebens. Gottes Wort stand im Mittelpunkt, und ihrem himmlischen Vater durften sie ihre Herzen voller Lob und Dank ebenso darbringen wie alle ihre Fragen und Sorgen. Noch vor Beginn des Ersten Weltkrieges kamen die ersten Kinder an, zunächst ein Junge und ein Mädchen. Als drittes Kind erblickte James im Jahre 1914 das Licht der Welt. Die Eltern hielten sich aus Überzeugung an die biblische Weisung, ihren Kindern Gottes lebendiges Wort einzuschärfen, sowohl innerhalb als auch außerhalb des Hauses und zu jeder Tageszeit. Gebet und Bibelstudium waren das Zentrum des Familienlebens. Abwechselnd hatten die Kinder das jeweilige biblische Kapitel für den Morgen und für den Abend zu lesen. Darüber hinaus wurden sie angehalten, viele Kapitel der Bibel komplett auswendig zu lernen.

Priesterlicher Dienst des Vaters

Niemand stellte die Frage danach, wie weit die Kleinen das Gelernte schon verstanden. Man interessierte sich weder für pädagogische Nutzeffekte noch für Sorgen um mögliche geistliche Rückschlagswirkungen. Viel später wurde dem Evangelisten James Stewart klar, daß Gottes Wort schlicht und einfach seine Wirkungen als Nahrung und Speise der Seele, als reinigendes Feuer, als felsenzerschmetternder Hammer, als zweischneidiges Schwert, als korrigierender Spiegel und vor allem als wegweisendes Licht an seinem kindlichen Herzen getan hatte. Hinzu kamen die starke Einigkeit und das überzeugende Leben der Eltern im Glauben und im Alltag und vor allem das Verantwortungsbewußtsein des Vaters, seinen priesterlichen Dienst in der Familie wahrzunehmen.

Erste Erlebnisse mit Freiversammlungen

Als Jimmy noch sehr klein war, hörte er oft mit angestrengter Aufmerksamkeit zu, wie sein Vater, nachdem er sich am späteren Abend zurückgezogen hatte, mit sonorer Stimme aus Sankey's Buch »Geistliche Lieder und Soli« sang, zuweilen über eine Stunde lang, und in diesen Heilsliedern seine starken Empfindungen der Anbetung und seine sehnsüchtige Erwartung des kommenden Herrn ausdrückte. Später kam es einige Male vor, daß der Vater den Jungen und auch die anderen Geschwister an die Hand nahm und mit ihnen zu einer Freiversammlung ging, die die Christen am Ort an einer Straßenecke im Cathcart-District veranstalteten. Er selber predigte nicht. Das taten andere Brüder aus der Gemeinde. Aber Vater rief immer dann, wenn der Augenblick es zuließ, seine Lieblingsbibelverse der Zuhörerschaft zu.

Hinter dem Rindvieh her

Gesundheitlich war der Vater nicht mehr sehr kräftig. Er hatte sich zu früh in der Arbeit aufgerieben und verbraucht. Mehr und mehr mußte er das Krankenlager hüten. Die Kinder begriffen schnell ihre Verantwortung, der Mutter die Lasten tragen zu helfen. Kurz vor seinem dreizehnten Geburtstag überraschte Jimmy seine Mutter mit der Nachricht: »Ich habe eine Arbeit gefunden!« Zuerst mußte sie über soviel kindlichen Tatendrang lachen. Dann war sie einverstanden, als er ihr erklärte, er dürfe für einen Bauern in der Nähe morgens und abends die Kühe vom Feld holen und wieder zurückbringen, damit sie im Stall gemolken werden konnten. Die Tätigkeit artete wirklich in Arbeit aus: Jeden Morgen hatte der Junge zwischen 5 und 6 Uhr aufzustehen und einige Kilometer zur Weide zurückzulegen. Dort weideten die Kühe von einigen Bauernhöfen, und Jimmy hatte die Tiere seines Bauern herauszusortieren und wegzutreiben. Nach dem Melken brachte er sie denselben Weg wieder zurück. Insbesondere an kalten Wintertagen fiel ihm diese Arbeit nicht leicht. Aber er hielt durch und schaffte es jedesmal knapp, noch pünktlich zur Schule zu kommen. Wenn er dann nachmittags um 4 Uhr aus der Schule heimkam, hatte er die gleiche Prozedur noch einmal zu bewältigen.

Dummkopf und Held zugleich

Seine Tätigkeit machte ihm etwas mehr Spaß, als er anfing, »seine« Kühe als Soldatentruppe und sich selbst als ihr Kommandant zu betrachten. Er hatte zu befehlen, das Vieh hatte zu gehorchen. Und so fühlte er sich zuweilen mächtig stolz. Bald suchte Jimmy sich noch mehr Jobs: Zum einen wurde er Zeitungsbote, zum anderen fand er einen Kaufmann, für den er Milch und

Brötchen austragen durfte. Doch bei alledem pflegte er noch ein Stück Privatleben. Und dieses war mit einem Wort erschöpfend beschrieben: Fußball. Das hatte schon mit acht Jahren begonnen. Da bolzte er mit wesentlich älteren Jungen um die Wette, und sie hatten alle ihre Schwierigkeiten, sich von dem Kleinen mit den schnellen Beinchen und dem sicheren Schuß nicht völlig unterkriegen zu lassen. Wenn Jimmys Vorankommen in der Schule dabei völlig auf der Strecke blieb, so wurde er – dies war ihm damals aber noch nicht bewußt – auf diesem bedenklichen Weg zumeist noch bestätigt. Die Gesellschaft um ihn her verhielt sich nämlich, wie oftmals in solchen Fällen, widersprüchlich: Die Mitschüler lachten über ihn, die Lehrer schüttelten die Köpfe, die Zeitungsreporter machten über den schulischen Versager öffentlich ihre Witze, aber auf der anderen Seite ließen sie alle ihn immer wieder deutlich spüren, daß er wegen seiner Fußballkunst ihr Stolz und ihre Freude war.

PROFI-TRÄUME

In der Schulmannschaft spielte Jimmy, wer auch sonst, als Mittelstürmer. Und diese Mannschaft galt bald als eine der besten der ganzen schottischen Nation. Dann kam der Tag, an dem man den Kleinen herausfischte, um ihn mit zu internationalen Schul-Fußballwettkämpfen zu senden, wo er seine Nation vertreten mußte. Sein Traum, dem er jede freie Minute seines Lebens zwecks Vervollkommnung seines Fußballspiels widmete, lief darauf hinaus, bester Mittelstürmer Europas zu werden. Früh gewöhnte er sich an große Publikumszahlen und rauschenden Applaus. In großen Profivereinen konnte er in jenem kindlichen Alter noch nicht offiziell mitspielen. Doch ließen die großen Kicker der Nation ihren Zwerg bereits bei Wohltätigkeitsveranstaltungen oder Freundschaftsspielen voll mit einsteigen. Das eine war für ihn wie auch für alle anderen, die seinen Weg interessiert und beigeistert verfolgten, längst klar: Als Mittelstürmer einer internationalen Schülermannschaft stand seinem baldigen Aufstieg zum Mittelstürmer eines Profiteams nichts mehr im Wege – vorausgesetzt er behauptete sich unablässig gegen schärfste Konkurrenz.

ELTERN NICHT BEGEISTERT

Die einzigen Menschen, die seine Begeisterung nicht teilten, sondern über sein Fußballfieber eher besorgt waren, waren seine Eltern. Jimmy war etwa 14 Jahre alt, da wurde er gegen Mutters Evangelium und Vaters Bibel verbittert, und er versuchte, dem Glauben den Rücken zuzudrehen und sich allein seinen eigenen Zielen und Vergnügungen zuzuwenden. Sein ganzes Innenleben war nur noch erfüllt von James Stewart und seiner steigenden Popularität, von der Suche nach Sensationen vor einem begeistert rasenden Mob von Fußballfans. Jimmy kannte bereits das fanatisierte Funkeln in den Augen Tausender von Clubanhängern. Er machte viel zu früh die Erfahrung, wie ein Fußballspieler von seinen Bewunderern vergöttert wird, und wußte nur zu genau, von welchem Tage an sich das für ihn auch in klingender Münze auszahlen würde – erhielten doch damals schon bekannte Fußballprofis horrende Gagen und sonstige Zuwendungen.

MIT DEM BALL INS BETT

In Glasgow ging es bereits damals in Sachen Fußball zu wie in jedem modernen Industrieballungsraum, in dem der Pütt dominiert: Wenn die Saison anbrach, riß der Fußballwahn die Massen mit. Die Anbeter des runden Leders nahmen nötigenfalls, bei regnerischem und kaltem Wetter etwa, größte Unannehmlichkeiten in Kauf, um ein in ihren Augen »wichtiges« Spiel zu sehen. Und manchmal kam es auch vor, daß sich Hunderte von ihnen von abends zehn bis morgens um acht die ganze Nacht hindurch in bitterer Kälte die Beine in den Bauch standen, nur um eine Eintrittskarte für ein bestimmtes Fußballmatch zu ergattern. In Jimmy brannte dieses Fußballfieber Tag und Nacht. Seinen Ball nahm er jede Nacht mit ins Bett. Immer wieder studierte er stundenlang in Fußballmagazinen die Taktik hochkarätiger Profimannschaften. Von den Profis in Glasgow ließ er sich, vor Anspannung Augen, Mund und Nase weit aufgerissen, immer wieder wichtige Tips geben und Tricks verraten. Dann zog er allein ab auf den Fußballrasen und trainierte Stunde um Stunde, bis er sie selbst perfekt beherrschte.

»Jetzt oder niemals«

Doch ausgerechnet in dieser Phase jugendlich-fanatischer Fußballrage trat Jesus Christus, der Sohn Gottes, an den Jungen heran und machte ihm innerlich klar, daß er ihn für sich beanspruchte. Nun begann der große Kampf um eine Menschenseele. Seine Mutter sagte zu ihm: »Es geschieht jetzt oder niemals, Jim. Du mußt jetzt dein Leben allen Forderungen Christi ausliefern.« Die Mutter wußte, daß ihrem Sohn eine große Fußballkarriere bevorstand, weil etliche Proficlubs bereits ihr Interesse an ihm offen bekundet hatten. Vor allem ein Clubmanager und Trainer nahm sich persönlich des kleinen Jimmy an und schenkte ihm eine Eintrittskarte für ein großes Fußballspiel in einem Stadion, in dem sich über 100000 Menschen zusammendrängten. Von der luftigen Höhe seiner Tribüne herab schaute Jimmy mit einer Mischung aus Stolz und unablässigem Staunen auf die brüllenden, tobenden Menschenmassen herab, beobachtete mit Spannung die hervorragenden Leistungen der beiden kämpfenden Mannschaften – und bei dem Gedanken, bald ebenso im harten Getümmel auf dem grünen Rasen dabeizusein und von den Zuschauern angefeuert zu werden, fieberte jeder Nerv in seinem Körper. Nach dem Spiel drängte er sich durch bis zur Trainerkabine. Hier nahm der freundliche Manager ihn erst richtig in die Mangel, indem er ihm unverblümt erklärte, er erwarte Jimmy nach Ablauf von zwei Jahren in seiner Mannschaft. Jimmys Herz schlug ihm bis zum Hals.

Verzweifelter Gebetskampf

In etwa gleichem Maße bewegte der Geist Gottes das Herz seiner Mutter, die immer verzweifelter um ihren Jungen betete. Viele Nächte hindurch kniete sie still an Jimmys Bett und machte in der Fürbitte Christi Anrecht auf das Leben des Jungen geltend. Sie widerstand Satan in dem alles überwindenden Namen des auferstandenen und triumphierenden Herrn. Manchmal weckte sie den Jungen aus dem Schlaf und bat ihn mit tränenüberströmtem Angesicht, er möge doch Jesus Christus als seinen Herrn und Heiland annehmen. Zur selben Zeit gingen mächtige Bewegungen des Geistes Gottes durch die ganze Stadt. Immer wieder fanden große Evangelisationen statt, bei denen es allgemein üblich war, den Gedanken und Gefühlen freien Lauf zu lassen.

Nicht selten begann ein Prediger während der Botschaft, die Tränen fließen zu lassen, und ebenso war es nicht außergewöhnlich, daß Menschen von ihrer Sünde überführt und weinend nach vorn getrieben wurden, um die Last ihrer Schuld abzugeben und bei Jesus Frieden zu finden. Die Mutter nahm den fußballbesessenen Jungen mit in die Veranstaltungen so oft sie konnte und sorgte so unter anderem dafür, daß er nahezu alle damals bekannten Evangelisten, wenn sie in Glasgow dienten, zu hören bekam. Was sie boten, waren keine geschnittenen und getrockneten Predigten. Die Zeugnisse waren machtvoll und aufregend in ihrer Wärme und Wirklichkeitsnähe. Was Jimmy hier erlebte, waren keine in bewährter Routine lärmenden Gospelmeetings. Er spürte vielmehr, daß die Veranstaltungen durch die Gegenwart Gottes lebendig wurden und das klare Wort die Herzen mit aller Kraft anrührte.

WIDERSTAND MIT LETZTER KRAFT

Mehrfach mußte Jimmy innerlich alle seine kleine Kraft dagegen aufbieten, wenn er gegen besseres Wissen dem Wirken des Geistes Gottes widerstand, um sich nicht mit nach vorn ziehen zu lassen und sich öffentlich auf die Seite Jesu zu stellen. Dabei wurden längst nicht immer nach einer Botschaft Einladungen zur Bekehrung ausgesprochen. Dennoch blieben auch am Ende solcher Abende oftmals bis zu hundert Menschen zurück, um ein seelsorgerliches Gespräch zu suchen und ihr Leben Jesus Christus anzuvertrauen. Ihr Anblick traf Jimmy jedesmal bis in sein Innerstes. Er befand sich im schärfsten Kampf zwischen Gott und Satan. Der Erzfeind der Seelen war alarmiert und wußte, daß seine Tage im Leben des Jimmy Stewart wohl gezählt waren. So präsentierte der Böse dem Jungen mehr und mehr verlockende Angebote auf eine Sportlerkarriere. Gleichzeitig aber war es Gottes Strategie, in Jimmys jungem Herzen ein Wunder zu wirken. Sein Bruder David, mit seinem Wissen um sämtliche aktuelle Sportangelegenheiten ein wandelndes Sportlexikon, war einige Monate zuvor zum Glauben an Jesus Christus gekommen und gehörte jetzt zu einer Gruppe großartiger junger Menschen, deren fröhliches Wesen und geistliche Ausgeglichenheit auf den kleinen Fußballstar tiefen Eindruck machten. Sie ließen Jimmy im Gespräch wissen, als er sie nach der Ursache ihrer Sicherheit und

Überzeugung fragte, daß Jesus die Antwort auf alle ihre Fragen sei. Mit einer stillen, heiligen Freude sprachen sie über das Wunder der errettenden Gnade.

Immer wieder an die Hand genommen

Jimmy war innerlich klar, daß er sich noch auf der Seite des Teufels befand und daß dieser keine einzige brauchbare Antwort bereit hatte. Dies wurde dem Jungen gerade dadurch besonders deutlich, daß er die anderen auf der Seite Jesu erkannte und nicht die Augen davor verschließen konnte, wie Friede und Freude in ihr Leben eingezogen war. Das alles fehlte ihm. In jener Zeit kam der Evangelist Tom Rea aus Belfast nach Glasgow. Wieder nahm die Mutter den Fußballspieler mit und brachte ihn unter die Botschaft. Sie hielt an ihrer Überzeugung fest, daß der Glaube durch das Hören der Predigt kommt und die Predigt aus Gottes Wort. Vom ersten Abend dieser Evangelisation an wußte Jimmy plötzlich, daß genau dieser und kein anderer Verkündiger ausersehen war, das rettende Wort vom Kreuz an seine Seele zu richten.

Die Rettung des Tom Rea

Tom Rea teilte seinen Zuhörern offenherzig mit, daß er selber einst ein »verlorener Sohn« gewesen war. Sein Vater, David Rea, predigte allabendlich in seinem großen Missionszelt in Belfast und in anderen Zentren Nordirlands zu Tausenden von Menschen, während der Sohn weit entfernt in der Sünde lebte und gegen alle Ansprüche Gottes rebellierte. Eines Nachts jedoch kam Tom aus London zurück und betrat, von niemand bemerkt, das riesige Zelt in Belfast, um sich still in die letzte Reihe zu setzen. Einige Tage später war es unter den Christen in Belfast in aller Munde, daß der verlorene Sohn nach Hause gekommen war. Tom Rea: »Und kurze Zeit später nahm ich meine andauernd rebellisch erhobenen Arme herunter und Jesus Christus als meinen Herrn an!« Jimmy erkannte plötzlich die Gnade des ewigen, allmächtigen Gottes an diesem Mann, konnte nicht mehr an sich halten und brach in unkontrolliertes Weinen aus. In der folgenden Nacht erreichte der Kampf im Herzen des Vierzehnjährigen einen ersten Höhepunkt. Immer mehr Aussagen des im Elternhaus gelernten Wortes Gottes stiegen in ihm auf, um ihm die absolute Wertlosigkeit seines bisherigen Lebens vor Augen zu führen. Gleichzeitig versuchte die Finsternismacht, ihm die ganze Welt und alles, auch die Schönheit ewiger Werte, als wertlos erscheinen zu lassen, um ihn in Gedanken der Selbstzerstörung abstürzen zu lassen. Am nächsten Abend fand Jimmy sich wieder unter der Kanzel von Tom Rea ein. Neben ihm hockte einer seiner jugendlichen Fußballkameraden, den er mitgebracht hatte, einer der besten Jugendspieler der britischen Inseln. Sie waren sehr eng miteinander befreundet. Als der Kamerad auf Jimmys Gesicht jene aus echter Sündenerkenntnis resultierende Verzweiflung bemerkte, flüsterte er ihm zu: »Laß uns besser abhauen! Da vorn ist der Seitenausgang . . . !« Jimmy machte eine abwehrende Handbewegung. »Wenn du noch länger hierbleibst«, meinte der Freund, »dann wirst du noch bekehrt.« Jimmy wandte sich zu ihm: »Wenn du nicht bleiben willst, kannst du ja gehen. Ich bleibe.« Mit saurer Miene machte sich der Kamerad aus dem Saal. Jimmy wunderte sich ein wenig über sich selber. Zu sämtlichen Evangelisationen des letzten Jahres war er nur seiner Mutter zuliebe mitgegangen. Diesmal aber blieb er, weil er selber es wollte.

Warten auf den Schlusspfiff

Der Kampf um die Seele des Jimmy Stewart war voll im Gange und dauerte noch einige Tage an. Der End- und Höhepunkt fand abends auf einem Fußballfeld statt. Jimmy stürmte vor mehreren tausend Zuschauern im Rahmen eines »wichtigen« Schülerturniers. Doch seit jenem Abend, als Tom Rea seine eigene Heimkehr-Geschichte erzählt hatte, drückte den Fußballspieler das Sündenbewußtsein in solchem Maße, daß er immer wieder das Gefühl hatte, er könne den Ball nicht mehr geradeaus schießen. Gott störte sich weder an der kämpferischen Anforderung des Fußballmatches noch an das ebenso erwartungsvolle wie mitgerissene Publikum, als er den Jungen plötzlich mit seiner ganzen Kraft umgab und überwältigte. Blitzartig schoß Jimmy der Gedanke durch den Kopf, daß in diesem Augenblick seine Eltern und einige hundert andere Christen in Glasgow für ihn beteten. Jimmy spürte förmlich das gewaltige Ringen von Himmel und Hölle in sich selbst. Es war ein ziemlich kalter Winterabend, doch der Junge schwitzte und spürte die dicken Tropfen über sein Gesicht herabfließen – wobei ihm auffiel, daß dies nicht von der körperlichen Verausgabung durch das Fußballspiel, sondern von innen heraus durch die Überführung von seiner Sündenschuld kam. Als es ihm fast die Luft abschnürte, blieb er stehen und sagte: »Herr, wenn du mich dieses Spiel zu Ende spielen lässest, dann übergebe ich dir mein Leben sofort in dem Augenblick, wenn der Schiedsrichter das Spiel abpfeift!«

»Was hülfe es dem Menschen, wenn er ...«

Dann rannte Jimmy wieder los, dem Ball nach. Er gab sich redlich Mühe, in diesem letzten Spiel noch sein Bestes zu geben. Doch während des Kämpfens zogen klar und deutlich durch sein Bewußtsein Worte der Bibel, die er früher bereits gelernt hatte: »Wer mir nachfolgen will, der verleugne sich selbst und nehme sein Kreuz auf sich und folge mir nach. Denn wer sein Leben erhalten will, der wird's verlieren; und wer sein Leben verliert um meinetwillen und um des Evangeliums willen, der wird's erhalten. Denn was hülfe es dem Menschen, wenn er die ganze Welt gewönne und nähme Schaden an seiner Seele?« Jimmy behielt den Ball, die übrigen Spieler und vor allem den gegnerischen Mittelstürmer im Auge, rannte, dribbelte an zwei Angreifern vorbei, gab den Paß hinüber zu seinem Rechtsaußen – und da war wieder das Wort, klar und deutlich, in seinem Herzen: »Denn wenn du mit deinem Munde bekennst Jesus, daß er der Herr sei, und glaubst in deinem Herzen, daß ihn Gott von den Toten auferweckt hat, so wirst du gerettet.«

Bekehrung im Stadion

Jimmy merkte nicht mehr, wie die Zeit verrann, und kämpfte fast nur noch automatisch. Dann plötzlich gellte der Schlußpfiff des Schiedsrichters über den Platz. Der kleine Mittelstürmer wußte in dem Augenblick nicht mehr, ob seine Mannschaft oder die Gegner gewonnen hatten. Er hörte auch nicht mehr die rasende, johlende Menge um sich her, sondern fiel mitten auf dem Fußballrasen auf seine Knie, schaute zum Himmel empor und schrie: »O Herr Jesus! Ich danke dir für dein vergossenes Blut, womit du mich errettet hast! O Heiliger Geist, vergib mir, daß ich mich so gegen dich verhärtet hatte!« Auf einmal hatte Jimmy es sehr eilig, aus dem Stadion herauszukommen. Er schob sich im Eiltempo an der Menschenmenge vorbei und rannte nach Hause, um seiner Mutter die Nachricht zu überbringen. Er stürmte in die

Haustür hinein und schrie: »Mutter! Ich bin gerettet! Ich bin gerettet!« Dann brach er in Tränen aus.

Radikale Umwandlung

Die Mutter reagierte mit deutlicher Zurückhaltung und sagte sehr leise: »Ja, ich weiß es. Gott sagte mir, daß du diese Woche errettet werden würdest, und ich habe es bereits arrangiert, daß du dein Zeugnis zusammen mit anderen jungen Leuten auf einer Freiversammlung im Zentrum der Stadt geben wirst.« Sie hatte Tage und Nächte für ihren Sohn durchgebetet und das Zeugnis des Geistes erhalten, daß ihre Gebete beantwortet waren. In Jimmy ging eine radikale Umwandlung vor sich, denn in sein Herz zog eine nie zuvor gekannte Freude ein. Er begann zu singen. Die vielen schönen Zionslieder, die er früher mehr oder weniger nur mitgesungen hatte, erhielten ein völlig neues Licht und kamen ihm jetzt von innen heraus, so daß er zuweilen stundenlang nicht mehr aufhören mochte.

»Alles neu geworden«

Vorher hatte Jimmy sich immer wieder eingeredet, ein guter Fußballspieler sei nur der, der grundsätzlich mit dem Kopf durch die Wand renne und sich von nichts und niemand aufhalten lasse. Jetzt aber trieb ihn eine andere Kraft, und diese machte ihn zu einem Menschen, der nicht mehr zu bremsen war. »Darum, ist jemand in Christo«, dies erfuhr er nun am eigenen Leibe und in der eigenen Seele, »so ist er eine neue Kreatur. Das Alte ist vergangen, siehe, es ist alles neu geworden!« Jimmy bekam eine ganz neue Richtung des Geschmacks und der persönlichen Wünsche. Gottes Geist reinigte seinen Verstand, so daß der Junge sich nicht mehr an die schmierigen Geschichten erinnern konnte, die er da und dort von den Lippen älterer Fußballspieler gehört hatte. Jesus Christus errettete ihn von einem leeren Leben, von leeren Gedanken und leeren Worten. Alle die Dinge, die Jimmy gewohnt gewesen war zu lieben, die haßte er nun, und die Dinge, die er gewöhnlich haßte, die gewann er lieb.

Gefesselt von der Herrlichkeit des Herrn

Jimmy begriff sehr bald, daß er jetzt ein Sklave Christi war. Doch das erfüllte ihn weiter mit Freude. Denn er war völlig gefesselt von der Herrlichkeit seines Herrn.

Nur wenige Tage nach seiner Bekehrung nahm Jimmy an einer öffentlichen Freiversammlung in Glasgow teil. Und dabei hatte er erstmalig das Wort Gottes weiterzusagen. Sein erkrankter Vater hatte noch einmal Mut gefaßt, sich vom Bett erhoben und war mitgegangen. Als Jimmy sein Zeugnis und die Botschaft von der errettenden Liebe Jesu der teils stehengebliebenen, teils vorbeihastenden Menschenmenge zurief und dabei erste innere Kämpfe durchmachte, war es ihm eine große Stärkung, das ernste, geprägte Gesicht seines Vaters im Gebet gebeugt zu sehen. So erlebte der Vater noch den Beginn des Predigtdienstes seines Sohnes mit, bevor er kurze Zeit später in die Ewigkeit gerufen wurde. Jimmy war zu jener Zeit etwa 14 Jahre alt.

Gerettet sein gibt Rettersinn

Niemand sagte ihm, daß er hinausgehen solle, um Seelen zu gewinnen. Er ging einfach hinaus und fing an. Der normalste Antrieb einer in Christo neugeborenen Seele ist, andere für Christus zu gewinnen. Gerettet sein gibt Rettersinn. Jimmy fing vor der eigenen Haustür an, Zeugnis für Gott abzulegen. Kurz vor seinem 15. Geburtstag verließ er die Schule, um zusammen mit der nun alleinstehenden Mutter die Verantwortung für die Familie zu tragen. Die einzige Arbeit, die er zunächst fand, war das Austragen von Waren für ein Lebensmittelgeschäft. Diese Arbeit öffnete ihm sofort sein erstes Missionsfeld. Wenn Jimmy an eine Tür geklopft oder einen Klingelknopf gedrückt hatte, wurde er zuerst völlig nervös. Öffnete sich die Tür, so sprudelte er los: »Freund, du siehst, ich bin ein Laufjunge, und es ist mein Job, eine Lieferung zu deinem Haus zu bringen. Aber ich bin auch ein Botenjunge Gottes. Und ich komme, um dich zu fragen: Hast du Vorbereitung für die Ewigkeit getroffen? Bist du bereit, deinem Gott zu begegnen?«

Dienstbeginn vor der eigenen Haustür

Es war die einfache Botschaft eines Neubekehrten, der sich vor allem durch Mangel an Erfahrung auszeichnete. Aber Gott legte seinen Segen darauf und schenkte, daß einige Seelen erweckt wurden. Sehr schnell verbreitete sich die Nachricht, daß der jugendliche, etwas verrückte Fußballstar sich bekehrt hätte. Man lud ihn ein, hier und da in Kindergottesdiensten oder Sonntagsschulen den Jungen und Mädchen über das Wunder der Wiedergeburt zu berichten. Dabei fiel ihm über dem Lesen des Wortes Gottes der achte Vers im ersten Kapitel der Apostelgeschichte ins Auge, der ihm klarmachte, daß er mit dem evangelistischen Dienst in seinem eigenen Jerusalem beginnen sollte. Dieses begann unmittelbar vor seiner Haustür, und so steuerte er zuerst die Türen seiner Nachbarn an, um ihnen Evangeliumstraktate zu überreichen und ihnen von seiner neuen Erfahrung mit Jesus Christus zu erzählen.

Juden den Messias gross gemacht

Bald hatte Jimmy einige tausend Häuser in Glasgow besucht, um Glaubensgespräche von Angesicht zu Angesicht zu führen. Dabei kam er auf der Straße ins Gespräch mit einem älteren Juden, dem er mit seiner jugendlich-ungehemmten Art bezeugte, daß Jesus der Messias sei. Der alte Mann zeigte sich tief bewegt und lud den Jungen ein, ihn an einem bestimmten Abend in seinem Haus zu besuchen und dort zu seiner ganzen Familie samt Kindern und Enkeln zu sprechen. In dem Hause merkte Jimmy, daß es sich sowohl um streng orthodoxe als auch sehr wohlhabende Juden handelte. Sie hörten ihrem jugendlichen Gast aufmerksam zu, äußerten sich aber nicht näher zu dem, was er ihnen gesagt hatte. Nachdem man ihn freundlich verabschiedet hatte, trat Jimmy auf die Straße hinaus und befahl im stillen Gebet diese Angehörigen des auserwählten Volkes dem himmlischen Vater an.

»Ich kann nicht anders«

Der nächste Schritt, den Jimmy zu tun hatte, war das Predigen auf Freiversammlungen. Als ihn ein älterer Bruder in der Gemeinde einmal fragte, wie er denn mit 14 Jahren schon anfangen könne zu predigen, gab er spontan die Antwort: »Ich kann nicht anders. Ich muß jedem Menschen hier in Glasgow von Jesus erzählen!« Er wurde gefragt: »Woher weißt du denn in der Bibel Bescheid?« Da mußte Jimmy selber erst einmal staunen und sich in der Stille die Frage beantworten, woher er all seine Bibelkenntnisse hatte. Vom Ergebnis seines Nachdenkens war Jimmy am meisten überrascht. Er mußte feststellen, daß bei seinen Diensten der Heilige Geist ständig Bibelverse in seinem Gedächtnis abrief, die er vor Jahren schon, als er noch sehr klein gewesen war, gelernt hatte. Und ihm wurde deutlich, welchen Wert jeder Dienst gehabt hatte, den man irgendwann mit dem Wort Gottes an ihm getan hatte.

Ursprünge der Schriftkenntnis

Zum einen wurden die Kinder von Vater und Mutter nachhaltig ins Wort der Bibel eingeführt. Sodann hatte es einen gottesfürchtigen presbyterianischen Geistlichen gegeben, der die Familie Stewart manchmal besuchte und aus dem Kleinen Katechismus vorlas. Sonntags ging Jimmy in den Kindergottesdienst, in dem der Sonntagsschullehrer versuchte, Christus zu den Kindern und die Kinder zu Christus zu bringen. Sonntags nachmittags besuchte Jimmy auch die Sonntagsschule in der Versammlung der Offenen Brüder im Cathcart-District, wo Chorusse zu singen nur dann erlaubt war, wenn sie biblisch waren. Hier hielt man sich an den Gedanken, daß Lieder und Chorusse den Kindern Schriftkenntnisse vermitteln sollten. Auch wurden den Jungen und Mädchen nicht nur die bekannten Geschichten wie »Jona und der Wal«, »David und Goliath« sowie »Daniel in der Löwengrube« erzählt, sondern man unterrichtete sie das ganze Wort Gottes von 1. Mose bis zur Offenbarung.

Gutes Beispiel und Unterricht von vielen Seiten

Insbesondere auch im direkten Umgang mit den Kindern legten die Versammlungsbrüder größten Wert darauf, die Einheit von Evangelium und Lebenspraxis darzustellen. Für die Kleinen war die Sonntagsschule alles andere als besserer Zeitvertreib oder fromme Unterhaltung, sondern eine sehr ernste Angelegenheit. Der Sonntagsschulleiter verstand seinen Dienst so tiefgehend, daß die Kindersonntagsschule mehr den Charakter eines Bibeltrainingsinstituts bekam. Vor und nach der Sonntagsschule wie auch einmal in der Woche trafen sich die Lehrer zu Gebetsstunden, in denen sie sich gegenseitig samt ihren Fragen und Nöten, aber auch jedes Kind der Sonntagsschule einzeln vor Gott brachten. Auch in der öffentlichen Schule hatte Jimmy jeden Tag eine Stunde Religionsunterricht, in dem seinerzeit noch schlicht und klar das Wort Gottes gelesen und den Kindern erklärt wurde.

Was ist ein Missionar?

Dies alles war Jimmys Bibelschule gewesen, die ihn zum Straßenprediger von Glasgow befähigte. Manche lieben Glaubensgeschwister hatten einige Schwierigkeiten, einen derart jugendlichen Evangelisten zu verstehen und anzuerkennen, und meinten, überhaupt müsse ein Missionar zunächst einmal irgendwo im Urwald gewesen sein, um als solcher akzeptiert zu werden. Jimmy Stewart vertrat dazu eine andere Ansicht: »Das Überqueren einer Landesgrenze oder eines Ozeans macht noch keinen Mann zum Missionar. Wenn der Geist Gottes einen Mann nicht in seiner eigenen Stadt gebrauchen kann, wird er ihn auch nicht in

Afrika gebrauchen.« Jimmy predigte an jeder möglichen Ecke seines eigenen Wohnviertels und begab sich dann von einem Stadtteil Glasgows in den nächsten, um Freiversammlungen abzuhalten und die Botschaft von Jesus Christus weiterzusagen.

»Flüstertüte« gegen Strassenlärm

Bald mußte er feststellen, daß seine Stimme rauh wurde und versagte, wenn er unablässig gegen den Lärm des dichten Straßenverkehrs anzubrüllen hatte. So suchte er einen Bekannten auf, der ihm ein altes Schiffsmegaphon überließ. Mikrophon und Lautsprecher auf der Straße gab es noch nicht. Aber der große Messingtrichter mit der Durchrufóffnung erfüllte einigermaßen seinen Zweck. Bald kannte man den kleinen Ex-Fußballstar auf Glasgows Straßen nur noch, wenn er mit seiner »Flüstertüte« unter dem Arm daher marschierte oder das glänzende Ding ansetzte, um das Evangelium zu predigen. Dabei blieben jedoch nicht immer Menschen stehen. Oftmals hetzten sie vorbei und nahmen, wenigstens äußerlich sichtbar, kaum Notiz von ihm. Und dies machte Jimmy bald einige innere Nöte, als er erkannte, daß er sich etwas einfallen lassen sollte, um in kürzester Zeit wesentlich mehr Menschen mit der Botschaft zu erreichen. Er betete zu Gott um eine Antwort. Die fand er bei den »Text Carriers«, die in Zusammenarbeit mit evangelistischen Aktionen der Offenen Brüder oder mancher Evangeliumsmissionen auftraten. Jimmy schloß sich dieser Gruppe an und bekam von ihr auch die nötige Ausrüstung für seinen Dienst: einen an einem Riemen über die linke Schulter gehängten großen Lederbeutel, aus dem oben eine dicke hölzerne Stange mit einer auf der Spitze befestigten Querlatte herausragte. An jeder Seite der Querlatte befanden sich drei kleine Rollos, die man, wenn das Gestell aus dem Lederbeutel gezogen und auf den Boden gestellt worden war, beim Predigen herunterziehen und wieder hinauflassen konnte, um darauf das Wort unterstützende Illustrationen zu zeigen, die man »Talk Text« nannte. Jimmy entwickelte sehr schnell Übung im Umgang mit dem »Talk Text«: Wenn er über das schwerwiegende Wort »Der Lohn der Sünde ist der Tod« sprach, zog er ein Rollo herunter, das die Silhouette einer ekligen Schlange zeigte samt der Überschrift: »Das Zischen der Schlange«. Jeden Abend wanderte Jimmy durch die Straßen seiner Heimatstadt, wobei er zusätzlich vorn und hinten auf Sandwich-Plakaten Bibelworte mit sich trug und unter Einsatz seiner sechs verschiedenen Text-Rollos den Menschen Schriftworte sowie kurze evangelistische Aussagen zurief: »Wohlan, alle, die ihr durstig seid, kommt her zum Wasser! Und die ihr kein Geld habt, kommt her, kauft und eßt! Kommt her und kauft ohne Geld und umsonst Wein und Milch! Warum zählt ihr Geld dar für das, was kein Brot ist, und sauren Verdienst für das, was nicht satt macht? Höret doch auf mich, so werdet ihr Gutes essen und euch an Köstlichem laben. Neiget eure Ohren her und kommt her zu mir! Höret, so werdet ihr leben!«

Notwendigkeit des Gebets

An der nächsten Straßenecke machte Jimmy Fortsetzung im selben Jesaja-Kapitel: »Suchet den Herrn, solange er zu finden ist! Rufet ihn an, solange er nahe ist! Der Gottlose lasse von seinem Wege und der Übeltäter von seinen Gedanken und bekehre sich zum Herrn, so wird er sich seiner erbarmen, und zu unserem Gott, denn bei ihm ist viel Vergebung!« Der jugendliche Straßenevangelist wußte, daß er nur dann ein erfolgreicher Seelengewinner werden könnte, wenn er sich vollkommen auf die Hilfe des Heiligen Geistes verließ. Hier und da begegnete er Predigern, die bei ihren geschliffenen Ansprachen viel Bildung, Wissen und Begabung erkennen ließen. Von alledem hatte Jimmy nahezu nichts vorzuweisen, und deswegen klammerte er sich in seinem Dienst um so mehr an seinen Gott. Er tat dem Herrn ein Gelübde, daß er künftig mehr Zeit fürs Gebet als fürs Zeugnisgeben verbringen wolle. In der Praxis sah das so aus: Predigte er eine halbe Stunde auf der Straße bei Freiversammlungen, so mußte er zuvor wenigstens eine Stunde lang gebetet haben.

In kurzen Hosen und Schulmütze durch die Stadt

Als der 16jährige Jimmy Stewart sich aufmachte, von der in ihm wirkenden Gnade Gottes weiterzusagen, ahnte er noch nicht im mindesten, daß er einst Evangelist werden sollte. Er hatte eine die ganze persönliche Freizeit ausfüllende Beschäftigung gefunden, und das war das Zeugnisgeben. Es war sein Anliegen, von seinem glorreichen Erlöser und seiner großen Liebe zu verlorenen Menschen zu erzählen. Er berichtete schlicht von Golgatha und dem, was dort geschehen war. Immer wieder legte der Geist Gottes ihm die Not um verlorene Seelen aufs Herz und bewegte ihn, die

Menschen vor dem kommenden Gericht zu warnen. Seine bevorzugte Freiversammlungsbotschaft in jenen Tagen, da er noch mit kurzen Hosen und Schulmütze durch die Stadt lief, war das bekannte Wort des Propheten Jesaja: »Wir gingen alle in die Irre wie Schafe, ein jeder sah auf seinen Weg. Aber der Herr warf unser aller Sünde auf ihn!« Dann fügte er hinzu: »Du wirst erkennen, in diesem Wort stehen zwei ›Alle‹. Das ist das ›Alle‹ der Verdammnis und das ›Alle‹ der Errettung. Wenn du jetzt durch das erste ›Alle‹ hindurchgehst, durch das Bekenntnis, daß du in die Irre gegangen bist wie die gesamte menschliche Rasse und eigenwillig deinen eigenen Weg gegangen bist wie der verlorene Sohn, weit weg von den Wegen Gottes, dann nimm deinen Platz ein als verlorener Sünder in der Gegenwart Gottes! Du kannst beim ersten ›Alle‹ hineingehen und beim zweiten ›Alle‹ als gerettetes Gotteskind herauskommen!«

»Glaubt ihm kein Wort«

Bei einer großen Freiversammlung, an der Jimmy teilnahm, fanden sich an einer verkehrsreichen Kreuzung von Glasgow Hunderte von Männern ein. Der Leiter der Versammlung stellte den kleinen Jimmy vor und erzählte von seiner Bekehrung auf dem Fußballfeld. Dann berichtete Jimmy selbst von dem, was Gott an seiner Seele getan hatte, als er von einem 17jährigen Burschen unterbrochen wurde. Dieser schien Jimmy von früheren Zeiten her zu kennen und klagte ihn lang zurückliegender unsauberer Äußerungen an. Im Brustton der Entrüstung erklärte der Halbwüchsige, Jimmy Stewart habe kein Recht, öffentlich aufzutreten und seinen Glauben zu bezeugen. »Glaubt ihm kein Wort«, rief er, »wenn Gott ihn erretten könnte, dann könnte er auch den Teufel erretten!« Jimmy wurde blaß und atmete schwer durch. Dann erzählte er der Menge, daß all das, was der junge Mann gesagt hatte, stimmte. Dann bat er den Zwischenrufer, ihm Gelegenheit zu geben, die ganze Geschichte in Verbindung mit dem mächtigen Wunder zu erzählen, das sich in seinem Leben ereignet hatte. »Vor euch steht nicht mehr der alte Jimmy Stewart, sondern ein neuer. Das hat Gott getan! Ihm sei die Ehre!« Danach zitierte er einige Reime von dem ehemaligen britischen Sklavenhändler John Newton, in denen ebenfalls von radikaler Umkehr des Lebens durch Gottes Gnade die Rede war.

»Begierig nach der unverfälschten Milch«

Gott bewahrte den jugendlichen Straßenprediger vor falscher Selbsteinschätzung. Zeit seines Lebens blieb James Stewart ein Lernender in der Schule seines Herrn. Wie überaus wichtig es für ihn war, noch viel zu lernen, begriff Jimmy in jungen Jahren. Nach dem Vorbild des Jeremia begann er, das Wort Gottes aufzuessen und in sich hineinzuschlingen. Immer und immer wieder beschäftigte er sich mit dem, was mit ihm selber geschehen war: Er hatte durch eine Wiedergeburt von Gott ein neues Leben geschenkt bekommen. Und so fiel ihm beim Lesen des 1. Petrus-Briefs auf, daß hier eine sehr wichtige Wegweisung für ihn persönlich gegeben wurde: »Seid wie neugeborene Kinder begierig nach der unverfälschten Milch des Wortes, damit ihr durch sie wachset zur Errettung, wenn ihr wirklich geschmeckt habt, daß der Herr gütig ist.«

Der Bruder als »wandelnde Konkordanz«

Dies hatte er unmittelbar erlebt. Er hatte die Einladung zum ewigen Leben angenommen und geschmeckt, daß der Herr gütig ist. Er war von neuem geboren worden, war ein im Glauben gesundes Kind Gottes und hatte deshalb ein starkes Verlangen nach der reinen Milch des Wortes Gottes. So begann Jimmy, mit Hilfe einer Konkordanz (biblisches Stichwortverzeichnis) Bibelverse zu bestimmten Themen herauszusuchen und sie sich einzupauken. Einige Wochen lang lernte er täglich mehrere Verse über Wiedergeburt. Den nächsten Abschnitt von vier Wochen hindurch lernte er Verse zum Thema Rechtfertigung, dann alle Verse, die er finden konnte, über Heiligung. Eine große Hilfe dabei war ihm auch sein Bruder David, der einige Jahre älter war als er. Davids besondere Begabung war ein hervorragendes Gedächtnis, das sich sehr schnell in einer ungewöhnlichen Schriftkenntnis niederschlug. Jimmy empfand ihn immer als eine »wandelnde Konkordanz«. Man brauchte ihm nur ein Stichwort anzugeben, und David gab sofort, wie aus der Pistole geschossen, das biblische Buch, das Kapitel und die Verszahl an.

Bibelstudium im Haus des Nachbarn

Nebenan wohnte ein Geschäftsmann, der ebenfalls sein Leben Jesus Christus ausgeliefert hatte. Er lud jede Woche einmal David und Jimmy in sein Haus ein, wo sie sich alle drei für einige Stunden regelrecht auf die Heilige Schrift stürzten, um sie besser kennenzulernen und sich einzuprägen. Darüber hinaus erhielt Jimmy in der Christengemeinde und anderswo Glaubens- und Lernhilfe von vielen älteren Brüdern und Schwester in Christo.

Bei den »Green Tent Gospel Campers«

Zu jener Zeit fanden Jimmy und David auch Kontakt zu einer missionarischen Gruppe, die sich die »Green Tent Gospel Campers« nannte und während der Sommermonate in belebten Naherholungsgebieten ihr grünes Zelt aufstellten, um die Menschen draußen in ihrer Freizeit mit dem Evangelium zu erreichen. Hier bemerkte Jimmy erstmalig, was für tiefgreifend unterschiedliche Charaktere die aus allen Bevölkerungsschichten kommende »Gospel Campers«-Gruppe umfaßte und wie großartig sie alle, durch den gemeinsamen Glauben an den einen Herrn Jesus Christus, zusammenarbeiten konnten. Sie hatten alle ein Ziel, nämlich diesen Jesus Christus und sein Wort anderen Menschen groß zu machen.

Systematisch durch die Bibel gearbeitet

Nicht weit vom Haus der Stewarts entfernt versammelten sich die »Green Tent Gospel Campers« jeden Sonntagmorgen. Sie zählten rund 20 Mann und fanden sich früh um 6 Uhr ein, um sich zwei Stunden lang mit konzentriertem Bibelstudium zu beschäftigen. Anschließend marschierten sie durch Glasgow, um evangelistische Freiversammlungen an verschiedenen Straßenecken zu halten. Auch jeden Freitag nahmen sie sich gemeinsam eine besondere Zeit, um Gottes Wort zu lernen, und sie achteten streng darauf, daß sie sich durch nichts und niemand von diesen Zusammenkünften abhalten ließen. So arbeiteten sie sich systematisch durch viele Bücher der Bibel. Die dabei immer neu entdeckten geistlichen Schätze erfüllten ihre Herzen oftmals so, daß sie auf dem Heimweg am späten Abend laut und fröhlich ihre Heilslieder durch die Stadt sangen.

Wichtigste Regel für Seelengewinner

Einmal kam Jimmy in einer anderen Christengemeinde mit einer Jugendgruppe ins Gespräch. Die jung Bekehrten verstanden sich darauf, rhythmisch und melodisch flotte Chorusse zu singen und mit Gitarren zu begleiten. Aber Jimmy merkte, als er mit den durchweg gleichaltrigen Jungen und Mädchen diskutierte, daß sie nahezu keine Ahnung vom Wort Gottes hatten. »Lieder zur Ehre des Herrn zu singen ist schon richtig«, sagte er ihnen, »aber Gott sagt: ›Ich will dich mit meinen Augen leiten!‹ Woher sollen wir denn wissen, in welche Richtung seine Augen uns weisen, wenn nicht aus seinem Wort?« Jimmy wies die Jugendlichen auf jene Jünger hin, die zu der Stadt Emmaus unterwegs waren. Sie trafen Jesus auf dem Wege, erkannten ihn zwar nicht, bekamen aber von ihm das Wort Gottes ausgelegt und mußten hinterher feststellen: »Brannte nicht unser Herz in uns, wie er auf dem Weg zu uns redete und wie er uns die Schriften öffnete?« Dem jungen Straßenevangelisten ging das Herz auf, als er der Jugendgruppe leidenschaftlich entgegenhielt: »Der Grund, warum so viele Jungbekehrte so kraftlos in Wandel und Zeugnis sind, ist der, daß sie mit Sägemehl gefüttert worden sind und nicht mit Gottes Wort! Wir brauchen für die Gläubigen mehr Bibellesen als Gesangsinspirationen. Um ein erfolgreicher Seelengewinner zu werden, muß man das Wort Gottes studieren!«

Kampf um Selbstdisziplin

In seinem eigenen Privatleben scheute Jimmy keine Mühe, seine Bibel zu lernen. Unter großen Schwierigkeiten schloß er sich in sein Zimmer ein und zwang sich über etliche Stunden zur vollen Konzentration auf eines der 66 biblischen Bücher. Bald merkte er, daß er dabei einen Kampf gegen den Teufel und gegen sich selber zu führen hatte. Einmal mußte er seine innere Lustlosigkeit niederzwingen, dann wiederum die Zähne gegen die aufkommenden Kopfschmerzen zusammenbeißen. Zuweilen schrie er innerlich zu Gott um Hilfe. Aber die ständige Grundlage seines Bibelstudiums war ein betendes Herz und die an Gott gerichtete Bitte aus dem 119. Psalm: »Öffne mir die Augen, daß ich sehe die Wunder an deinem Gesetz. Meine Seele liegt im Staube; erquicke mich nach deinem Wort. Unterweise mich den Weg deiner Befehle, so will ich reden von deinen Wundern.«

Von der Selbstsicherheit in die Entmutigung

Oftmals erkannte Jimmy an dem, was in seinem eigenen Herzen nicht richtig lief, die Versuchungen des Teufels. Der versuchte den Jungen, als er öffentlich zu predigen anfing, selbstsicher zu machen. Als Jimmy glaubte, er könne wirklich gut predigen, und dabei seine völlige Abhängigkeit vom Herrn vergaß, brachte er sämtliche Gedanken total durcheinander. Auf einmal ging in seinem Innern alles umgekehrt: »Du bist zu überhaupt nichts zu gebrauchen! Gott hatte niemals vor, daß du predigen solltest. Halt besser deinen Mund!« Einige ältere Gläubige ermutigten den Jungen, mit seinem Dienst in der Verkündigung des Wortes fortzufahren. Andere wiederum entmutigten ihn: »Es steht einem Jungen von 14 bis 15 Jahren nicht an, in einer christlichen Versammlung die Schrift für ältere Gläubige auszulegen.«

Viel »guter« Rat von älteren Geschwistern

Immer wieder kam es vor, daß Jimmy zurechtgewiesen wurde, weil er sowohl in geschlossenen Räumen wie auch draußen viel zu laut redete. Einige Geschwister erklärten ihm mit vorsichtiger Zurückhaltung, daß es für ihn sicherlich besser sei, noch für einige Jahre still zu sein und geistlich zu wachsen und zu reifen, um dann wieder hinausgehen und Zeugnis ablegen zu können. Andere sagten ihm frei heraus, er solle überhaupt still sein. Doch das war zuviel verlangt. Von Gottes Güte zu schweigen, war für den Jungen unmöglich, denn Jesus Christus bedeutete für ihn alles. Er mußte es weitererzählen, daß Jesus ihn von einem selbstsüchtigen und sinnlosen Leben errettet und seiner Seele Frieden geschenkt hatte. Er wollte, daß jeder seinen wunderbaren Heiland, der so viel für ihn getan hatte, kennenlernte.

»Niemand verachte deine Jugend«

Über kurz oder lang fiel Jimmy auch auf, daß die Ansichten älterer Glaubensgeschwister nicht immer richtig sein mußten, nur weil sie älter und reicher an Erfahrung waren. In der Bibel stieß er auf die Tatsache, daß es in den Zeiten der ersten Gemeinde Jesu bereits einen sehr jungen Mitarbeiter gegeben hatte. Der hieß Timotheus, und diesem machte der Apostel Paulus in einem Schreiben Mut mit den Worten: »Niemand verachte deine Jugend, sondern sei ein Vorbild der Gläubigen im Wort, im Wandel, in Liebe, im Glauben, in Keuschheit. Bis ich komme, halte an mit dem Vorlesen, mit dem Ermahnen, mit dem Lehren.« Jimmy Stewart, der kleine Timotheus von Glasgow, konnte sich zuweilen des Eindrucks nicht erwehren, daß oftmals gerade die Geschwister, die ihm unverblümt den Maßstab der absoluten Perfektion entgegenhielten, um ihn durch Kritik niedermachen zu können, selber so gut wie nichts an Aktivitäten für ihren Herrn zu bringen hatten. Der Junge mußte lernen, auch das herunterzuschlucken und solche Glaubensgeschwister dennoch in Liebe anzunehmen.

Harte Lektion

Trotzdem ging in seinem Dienst längst nicht alles glatt. Jimmys Schul- und Lehrjahre bei seinem Herrn waren bei weitem noch nicht abgeschlossen. Nachdem er bereits einen ganzen Monat lang auf den Straßen von Glasgow allein gepredigt hatte, erhielt er eine Einladung zur Teilnahme an einer von mehreren Brüdern gestalteten großen Freiversammlung. Dort traf er eine beachtliche Anzahl bekannter, im Dienst bewährter Freiversammlungsevangelisten an. Als Jimmy an die Reihe kam, predigte er über das 16. Kapitel der Apostelgeschichte und daraus insbesondere über den Kerkermeister zu Philippi. Doch dabei wurde Jimmy – der grundsätzlich zuvor seine Predigten aufsetzte, auswendig lernte und frei vortrug, um ununterbrochen den Blickkontakt mit seiner Zuhörerschaft zu halten – plötzlich nervös. Er warf sämtliche Gedanken durcheinander, stotterte und stammelte und fühlte sich hinterher blamiert bis auf die Knochen.

Der Himmel wie aus Eisen

Zerknirscht machte er sich auf den Heimweg und sagte zu sich selbst: »Jetzt hast du dich öffentlich zum Narren gemacht. Es ist besser, du hältst von nun an den Mund. Gott wollte niemals, daß du predigen solltest. Er will nur, daß du Traktate verteilst . . .« Eine ganze Woche sagte Jimmy seinem Gott, daß er nie wieder predigen werde. Aber er fühlte sich dabei unsagbar elend. Einige Jahrtausende zuvor war es einem anderen Verkündiger des Wortes Gottes ähnlich ergangen wie Jimmy. Jener schrieb damals seine Empfindungen sehr deutlich auf: »Als ich schwieg, verzehrten sich meine Gebeine durch mein Gestöhn den ganzen Tag . . .« In der Stille ließ Gott jedoch den Jungen erkennen, daß er sich nur in seinen eigenen Trotz zurückgezogen hatte, weil er die Demütigung nicht annehmen wollte. War da in seinem Herzen nicht doch noch einiges aus seiner Fußball-Zeit übriggeblieben? Gab es da nicht noch ein wenig Neigung, auf den Beifall der Zuschauer zu lauschen? Jimmy biß zornig die Zähne aufeinander, lief jeden Tag mit seinen tragbaren Evangeliumstexten auf die Straße und verteilte Traktate. Beten konnte er nicht mehr. Der Himmel schien ihm wie aus Eisen.

Gott segnet auch das Stottern

Nach Ablauf der einen schlimmen Woche ging Jimmy in die Stille, fiel auf seine Knie und betete zu Gott: »Herr, sag mir, was ist los? Du siehst doch, ich kann nicht predigen, ich war auch nie dazu von dir bestimmt! Laß mich einfach nur Traktate verteilen!« Dann schlug Jimmy seine Bibel auf, und sofort fiel sein Blick auf einen Vers in den Psalmen: »Tue deinen Mund weit auf, laß mich ihn füllen.« Für einige Augenblicke schloß der Junge die Augen. Das war zu deutlich. Das mußte er erst einmal verkraften. Hatte er denn dermaßen mit seinem Eigenwillen und seiner eigenen Meinung neben der Meinung und dem Willen Gottes gelegen? »Herr! Vergib mir!« Dann kehrte die alte Freude, langsam und doch spürbar, wieder in sein Herz zurück. Schon zogen an seinem geistigen Augen die verschiedenen Straßenecken Glasgows vorüber, bis er klar wußte, wohin er auf der Stelle zu marschieren und wo er die frohe Botschaft zu predigen hatte. Zunächst begann Jimmy auf der Straße wieder mit einem Zögern und Stottern. Doch bald merkte er, daß Gott auch das Stottern segnete. Am Ende der ersten Woche, in der er wieder täglich gepredigt hatte, durfte er feststellen, daß er fünf Menschen zum Glauben an Jesus Christus geführt hatte. Dies war ihm das letzte deutliche Zeichen von Gott, daß er weiterhin öffentlich predigen und Freiversammlungen abhalten sollte.

Rinnstein-Seelsorger

Eines Abends zog er mit großen Texttafeln in die Stadt Rutherglen, um dort zu predigen. Er mußte viele Kilometer gehen und kam nachts gegen 1 Uhr todmüde nach Hause. Kurz vor seinem Elternhaus bemerkte er in der Dunkelheit einen Mann, der von einer Straßenseite auf die andere schwankte. »Geh hin und sprich mit ihm«, spürte Jimmy in sich die Stimme des Geistes Gottes. Der Junge antwortete: »Herr, ich bin müde und kaputt und muß morgen für die Arbeit sehr früh aufstehen . . .« – »Geh hin und sprich mit dem Mann über den Heiland!« Jimmy ging zu ihm hin und stellte fest, daß der Betrunkene gerade noch so weit bei Verstand war, um halbwegs logisch zu antworten. Jimmy las dem Mann einige Bibelworte vor, die ihm seine eigene Schuld und die Barmherzigkeit Gottes vor Augen führten, und forderte ihn auf: »Geh auf deine Knie, wenn du bereit bist, Gott zu bitten, daß er dich jetzt errettet und dich von deinem sündigen Leben befreit!« Beide knieten auf dem Bordstein nieder. Plötzlich wurde die Sprache des Betrunkenen viel klarer, als er Gott anrief, ihn zu erretten, und sein Leben Jesus übergab. Danach verabschiedeten sich beide voneinander. Der Betrunkene verschwand, immer noch leicht wankenden Schrittes, in der Dunkelheit.

»Das ist der Junge!«

Einige Jahre später, als Jimmy in Glasgow in einer größeren Halle vor vielen Zuhörern predigte, wurde er durch einen lauten Aufschrei unterbrochen. Ein Mann stand von seinem Platz auf und rief durch den Saal: »Das ist der Junge!« Er kam nach vorn aufs Podium und fragte: »Kannst du dich an die Nacht erinnern, als du einen Besoffenen zum Glauben geführt hast?« Jimmy sagte ihm, er habe mit sehr vielen Menschen gebetet, so daß er sich nicht mehr erinnern könne. Dann aber erinnerte er sich doch, als der Mann das Ereignis näher schilderte und fortfuhr: »Weißt du, was damals weiter passierte? Ich ging nach Hause, konnte nicht einschlafen und wartete, bis mein Rausch nachließ. Dann weckte ich meinen Vater und sagte ihm: ›Du, Vater, ich bin jetzt errettet!‹ Seit der Zeit sind noch viele meiner Lieben errettet worden – und dort auf dem Platz neben meinem Stuhl, das ist meine Frau!« Beide waren eifrige Seelengewinner für Jesus Christus geworden. Mit dankbarem Herzen erkannte Jimmy, daß es sich in jener dunklen Nacht gelohnt hatte, auf die Stimme Gottes zu hören, seine Müdigkeit zu überwinden und diesen Menschen mit Jesus in Verbindung zu bringen.

Auf dem Weg umgeleitet

Samstags nachmittags ging Jimmy immer wieder gern zum Fußballstadion – aber nicht, um sich ein Spiel anzusehen, sondern um draußen vor dem Eingang die Menschenmasse mit dem Evangelium zu konfrontieren. Selten traf er anderswo so viele Menschen so dicht gedrängt beieinander an. Es war eine großartige Möglichkeit und sehr leicht durchzuführen, daß er seine Gospeltexte aufstellte und vorzeigte, wobei er Menschen die wichtigsten Verse aus den Evangelien zurief. An einem solchen Samstag verließ Jimmy wieder einmal sein Elternhaus mit dem Ziel, das Sportstadion anzusteuern, um dort seine »Flüstertüte« einzusetzen. Doch plötzlich wurde er innerlich geleitet, seine Schritte ins Stadtzentrum zu lenken. Beim Wandern blieb er im Gespräch mit Gott: »Herr, laß mich einige mühselige, beladene Seelen antreffen . . .!« Dann traf er auf ein großes Missionszelt, das in einer Grünanlage von Glasgow aufgestellt worden war, weil die sonst für solche Veranstaltungen benutzte historische »Tent Hall« gerade renoviert wurde.

»Lieben Sie den Herrn Jesus?«

Jimmy ging ahnungslos in das Zelt hinein und sah hinten auf der letzten Stuhlreihe einen einsamen Mann sitzen, der stumm vor sich hin brütete und dem die Verzweiflung im Gesicht geschrieben stand. Der Junge ging auf ihn zu und fragte ihn: »Lieben Sie den Herrn Jesus?« Der Mann antwortete: »Nein, ich liebe ihn nicht!« Und nach kurzem Zögern fuhr er fort: »Ist ja doch ein wenig seltsam, Kleiner, daß ausgerechnet du mich hier ansprichst. Letzte Nacht konnte ich nicht schlafen. Ich dachte, ich würde zur Hölle gehen. Heute wollte ich zum Fußballspiel gehen und mich zerstreuen. Aber ich bin durch die Stadt gelaufen und habe innerlich geschrien, ob nicht irgend jemand kommen und mir etwas über Jesus sagen könnte.«

Hören auf die leise Stimme

Jimmy kam sich vor wie ein Philippus, den der Geist plötzlich von einer Menschenmenge fortnahm und hinaus in die Wüste führte. Ebenso wie seinerzeit der Apostel jenen heimreisenden äthiopischen Finanzminister ansprechen durfte, so konnte Jimmy jetzt diesen einsamen Mann zu Jesus Christus führen. Dem

Jungen wurde erneut klar, wie wichtig es für ihn war, immer wieder innerlich auf die leise, feine Stimme des Geistes Gottes zu hören und sich leiten zu lassen. Wenige Stunden später in der Abendveranstaltung stand der Mann, mit dem Jimmy gesprochen hatte, vor einer Menge von rund 2000 Menschen auf und bezeugte, daß er an diesem Nachmittag gerettet worden war. Jahre später traf Jimmy ihn als einen der verantwortlichen Ältesten einer lebendigen Christengemeinde in Glasgow wieder.

Rettungen auf dem Strassenpflaster

Eines Tages wurde dem Jungen in der Stille vor Gott klar, daß er künftig nicht nur in normalen Stadtbereichen alle die großen und kleinen Bürger ansprechen sollte, sondern daß er die Botschaft auch zu den Kaputten und Außenstehenden bringen müßte. So marschierte er mit seiner Sandwich-Aufmachung und seinen sechs Rollo-Texten ins verrufenste Viertel der großen Industriestadt, ohne recht zu ahnen, was ihn dort erwartete. Plötzlich fand er sich zwischen zahlreichen mehr oder weniger angetrunkenen Männern sowie allerlei nicht gerade sympathisch aussehenden, durchweg ziemlich unmöglich gekleideten Damen mit sehr verlebten Gesichtern wieder. Was eine Prostituierte war, wußte Jimmy damals noch nicht. Er stellte unbefangen seine Stange mit den Rollos auf und begann, die Botschaft vom verlorenen Sohn zu predigen. Danach stimmte er mit lauter Stimme den Liedvers an:

»So wie ich bin, so muß es sein!
Nicht meine Kraft, nur du allein.
Dein Blut wäscht mich von Flecken rein.
O Gottes Lamm, ich komm! Ich komm!«

Im nächsten Augenblick traute der kleine Straßenevangelist seinen Augen nicht mehr. Da knieten plötzlich 17 erwachsene Personen vor ihm auf dem Straßenpflaster im Halbrund. Einige schauten ihn still an, andere hatten die Köpfe gesenkt und die Hände gefaltet. Eine der Frauen kam mit lockerer Kleidung und aufgelöstem Haar zu Jimmy und schluchzte: »O Liebling! Was du da eben gesagt hast, waren so ungefähr die letzten Worte meiner Mutter, bevor sie zum Himmel ging. Und ich habe ihr versprochen, sie dort zu treffen. Aber ich bin eine verlorene Tochter . . .« Sie blieb es nicht. Zusammen mit den anderen, die niedergekniet waren, nahm sie an jenem Abend auf der Straße im Sündenviertel von Glasgow Jesus als ihren Herrn und Erretter an und fand Vergebung aller ihrer Schuld. Jimmy blieb in der Folgezeit mit ihr – wie auch mit vielen anderen Menschen, die er zum Glauben hatte führen dürfen – in Verbindung und konnte miterleben, wie sie ein von Grund auf neues Leben begann, im Glauben Fortschritte machte und Glied einer Christengemeinde wurde.

»Wie ein Prophet gepredigt«

An einem anderen Abend, als Jimmy wieder einmal als Sandwich Man mit dem Wort Gottes auf Bauch und Rücken sowie den Händen voller Traktate durch Glasgow lief, erging es ihm völlig anders. Vor einem Kino traf er viele Menschen, die an der Kasse Schlange standen. Als er ihnen seine Traktate gab, lachten sie ihn aus und sparten nicht mit beißendem Spott insbesondere über die von ihm umhergetragenen Bibelworte. Jimmy erklärte ihnen mit lauter Stimme, das könne ihn nicht berühren. Viel wichtiger aber sei, daß Jesus Christus gesagt habe: »Kommet her zu mir alle, die ihr mühselig und beladen seid, ich will euch erquicken!« Dann ging er seines Weges. Etwa eine Woche später, als Jimmy gerade an einer anderen Straßenecke der Stadt predigte, kam ein Mann auf ihn zu und sagte: »Ich möchte dir sagen, daß ich vorige Woche mit in der Menge vor dem Kino stand, als du vorbeigingst. Wir waren alle vor dir und deinen Traktaten erschrocken, weil du wie ein Prophet gepredigt hast. Dann hast du uns eine Einladung gegeben, dem Heiland nachzufolgen. In jener Nacht konnte ich nicht einschlafen und nahm Jesus Christus als meinen Heiland an!«

Big Nan und die Kleiderfabrik

In die Schule, die der lebendige Gott für seinen jugendlichen Diener konzipiert hatte, war eine besondere Bewährungsprobe eingebaut, in der andere Menschen vielleicht nichts Außergewöhnliches erkennen können – eben deshalb, weil Jimmy Stewart bis dahin fast nur außergewöhnliche Wege geführt worden war und jetzt seinen Glauben unter »normalen« Umständen unter Beweis zu stellen hatte. Als er 16 Jahre alt war, stand er aufgrund der wirtschaftlich schwierigen Lage seiner Familie vor der Notwendigkeit, den Aushilfsjob im Lebensmittelladen dranzugeben und eine Arbeit in einer Kleiderfabrik anzunehmen. Hier war er nicht nur mal dann und wann auf der Bildfläche, um ein kurzes, von jugendlichem Temperament und Enthusiasmus gekennzeichnetes evangelistisches Feuerwerk loszulassen, sondern hier war er täglich für eine ganze Acht- bis Zehn-Stunden-Schicht mit allen möglichen Menschen an einem Arbeitsplatz zusamengepfercht. Hier hatte sich Jimmys Glaubensleben insgesamt als echt und glaubwürdig zu erweisen. Hier entdeckte der Junge erstmalig in ganzem Ausmaß, wie schwer es ihm als mit allen Schwachheiten und Fehlern behaftetem Menschen fiel, Praxis und Predigt übereinstimmen zu lassen.

Als Werkmissionar im Einsatz

Zunächst sah Jimmy in der rund 1000köpfigen Belegschaft der Kleiderfabrik eine weit geöffnete Tür, um Zeugnis von der Liebe Gottes in Jesus Christus zu geben. Gleich am ersten Tag fragte er den Manager des Betriebes, ob er die Erlaubnis bekomme, in den verschiedenen Abteilungen der Firma christliche Traktate verteilen zu dürfen. Der Manager sagte: »Wenn du die Nerven dazu hast, darfst du das machen.« Nachdem Jimmy sich auf diese Weise als Werkmissionar betätigt hatte, legte er es auf zeugnishafte Gespräche mit den Kollegen in der eigenen Abteilung an und berichtete ihnen, was Gott in seinem Leben getan hatte. Es dauerte nicht lange, da rief ihn sein Abteilungsleiter herbei und erklärte ihm: »Schau her, Jimmy, es sollte dir leid tun, wenn du als Pharisäer angesehen würdest, weil du das, was du hier predigst, nicht selber auslebst. Du hast ihnen allen nun erzählt, daß du ein

Christ bist. Ich gebe dir den Rat, daß du ab jetzt den Mund hältst. Von nun an mußt du Jesus Christus täglich den Leuten vorleben, oder du wirst eine furchtbare Zeit haben.«

Überzeugung ohne viele Worte

Das machte Jimmy sehr nachdenklich. Er stieß an dieser Stelle auf eine Grenze seines eigenen Wesens. Und er merkte, daß er von sich aus nicht die Kräfte hatte, diese Grenze zu überschreiten, genauer gesagt, über seinen eigenen Schatten zu springen. Öffentlich reden und Zeugnis geben, das hatte er inzwischen gelernt und war ihm fast zur zweiten Natur geworden. Aber jetzt kam es darauf an, so vor allen zu leben, daß sein Dasein und seine Umgangsformen und seine Arbeitsleistung auch ohne viele Worte überzeugten. Jimmy wußte nicht weiter und ging in die Stille, um mit Gott darüber zu sprechen. Ihm wurde klar, daß er von nun an täglich eine besondere Stärkung seines Herrn benötigte, um mit seinem Zeugnis vor den anderen bestehen zu können, um den Wohlgeruch Christi überall in der Fabrik ausstrahlen zu lassen. So stand er jeden Morgen um 6 Uhr auf, um vor Tagesbeginn mindestens anderthalb Stunden engste Gemeinschaft bei Bibel und Gebet mit seinem Herrn zu haben.

Kraft Gottes gegen das eigene Temperament benötigt

Jimmy lernte, insbesondere für die Menschen zu beten, die ihn am Arbeitsplatz belächelten und manchmal auch ein wenig verspotteten. Ihm war bewußt, daß er die Kraft Gottes brauchte, um sein Temperament zu zügeln und nicht aufzubrausen oder mit gleicher Münze heimzuzahlen, wenn man ihn reizte. »O Herr, schenk mir, daß ich immer noch freundlich bleiben und lächeln kann«, betete er, »und daß mein Lächeln echt und natürlich bleibt, daß ich vergeben kann und meine Freundlichkeit aus dem Herzen kommt!« Viele der Textilarbeiter waren auch Mitglieder irgendeiner Kirche, hatten aber nie die errettende Gnade Christi in ihrem Leben erfahren. Andere zeigten sich als völlig unreligiös und fernstehend und belästigten den jungen Kollegen mit den dümmsten abgedroschenen Fragen. Jimmy mußte sich täglich bei seinem Herrn neue Kraft holen, um dieser andauernden seelischen und geistlichen Belastung standzuhalten.

Zwei Ex-Fussballfans für Gott an der Front

Aber Gott ließ ihn in seiner Situation am Arbeitsplatz auch nicht lange allein. Eines Morgens, als er auf dem Weg zur Fabrik war, hörte er plötzlich hinter sich eine Stimme mit dem Ruf: »Halleluja!« Er wandte sich um und erblickte eine baumlange junge Frau, groß wie eine Straßenlaterne. Als sie näher kam, erkannte er sie und sagte: »Du warst doch immer unsere Postbriefträgerin.« Sie sagte ihm, daß sie nur während des Ersten Weltkriegs in diesem Dienst gebraucht worden sei und jetzt ebenfalls in der Kleiderfabrik arbeite. »Warum rufst du denn Halleluja?« wollte Jimmy von ihr wissen. Sie fragte zurück: »Sag mal, ist das wahr, daß du bekehrt bist?« Jimmy: »Aber ganz sicher!« Ihr Gesicht leuchtete: »Wunderbar! Ich kann es kaum fassen . . .« Jimmy schaute sie an und erwiderte: »Wenn du bekehrt bist, dann kann ich das auch kaum fassen – wie heißt du?« – »Sie nennen mich hier im Betrieb alle Big Nan. Weiß du, Jimmy, es ist wunderbar – ich war auch ein Fußballfan. Und als ich noch nicht bekehrt war, habe ich dich immer beobachtet und bewundert. Denk nur, Gott hat uns beide errettet. Ich habe dafür gebetet, daß Gott noch andere Seelengewinner in diese Fabrik sendet. Und nun können wir zusammenarbeiten.«

Ein seltsames Team

Von da an sah man dieses seltsame Team immer wieder zusammen: die überlange Frau von etwa 40 Jahren und daneben der kleine 16jährige Bursche mit dem sprühenden Temperament. Jeder evangelisierte an seinem Platz und machte sich daheim knappe Aufzeichnungen über Fortschritte in der missionarischen Arbeit. Auf dem täglichen Heimweg gingen Big Nan und Jimmy ein langes Stück Weges nebeneinander her, verglichen ihre Aufzeichnungen und beteten gemeinsam für besondere Kollegen wie auch für eine Erweckung in der ganzen Firma. Im Dienst legten beide größten Wert darauf, die ihnen aufgetragene Arbeit, für die sie schließlich bezahlt wurden, so tadellos wie möglich zu verrichten und auch darin ein gutes Zeugnis zu sein. Das wurde bald durch ein in der Firma neu eingeführtes Prämiensystem sichtbar. Für alle Arbeit, die deutlich über die Norm hinausging, wurde wöchentlich eine besondere Prämie gezahlt. Von Anfang an gehörten der kleine Jimmy und Big Nan zu den Mitarbeitern, die ihre Leistungsprämie erhielten. Folglich gab es auch für den böswilligsten Kollegen keine Möglichkeit, Gerüchte darüber auszustreuen, die beiden »Frommen« hätten ihre Arbeit vernachlässigt.

Ganz und gar dem Heiland ausgeliefert

Bald merkte Jimmy, daß Big Nan sich ganz und gar ihrem Heiland Jesus Christus ausgeliefert hatte. Aus ihrem ganzen Wesen strahlte ein Leuchten, wenn sie über ihren Herrn sprach. In diesen und jenen Gesprächen fiel dem Jungen auf, daß sie nicht wußte, wer zu der Zeit Premierminister von Großbritannien war, und auch die Namen der Zeitungen in der Stadt nicht kannte. Alles, was sie wußte und worin sie aufging, war das Wort ihres Herrn, war die Bibel, waren die täglichen Stunden der Stille und des Gesprächs mit ihrem Gott, waren Menschen, mit denen sie über Jesus sprechen mußte. Das war es, was diese Frau in den Augen von Jimmy zu einer unvergleichlichen Persönlichkeit machte. Die besten evangelistischen Möglichkeiten innerhalb der Firmenbelegschaft nutzten Big Nan und Jimmy während der Mittagspause. Da kam es zu manchem guten Gespräch über Fragen des Glaubens. Die Arbeiter zeigten sich teilweise auch an den Predigtdiensten des Jungen auf der Straße interessiert, so daß er am Schwarzen Brett eine Liste dieser Dienste aushängte. Von da ab traf er immer und überall, wo er in Glasgow öffentlich auftrat, auch einige Kollegen aus der Fabrik an, die ihm aufmerksam zuhörten.

Zum Feierabend ab in die Evangelisation

Wenn Jimmy in der Firma während der Pausen Traktate verteilte, fragte er die Kollegen oder Kolleginnen, wo sie zu Hause seien. Er hatte sich zuvor einen gründlichen Überblick über die in der Stadt bestehenden biblisch klar orientierten Christengemeinden verschafft und konnte in den meisten Fällen den Mitarbeitern eine solche Gemeinde in der Nähe ihres Heims empfehlen. In jener Zeit kam es auch immer öfter vor, daß Jimmy eingeladen wurde, in verschiedenen Gemeinden oder Missionssälen in den Vororten oder der Umgebung Glasgows eine ganze Woche lang Evangelisationsabende zu halten. Nicht selten kam er zum Feierabend nur dazu, daheim schnell ein Stück Brot zu essen, bevor er sich auf den Weg durch die Stadt machen mußte, um an Gebetszusammenkünften oder Freiversammlungen vor der Abendveranstaltung teilzunehmen. Jimmy und seine Kollegin Big Nan brauchten in diesen Tagen immer wieder ein besonderes Maß an Kraft, um sowohl eine ganze Arbeitsschicht als auch die vollgestopften Abendprogramme bewältigen und bei alledem durchhalten zu können. Aber sie wußten, an wen sie sich zu wenden hatten. Und Gott war treu. Er ließ die beiden und mit ihnen viele andere Menschen in der Stadt mächtige Zeiten des Segens erleben.

Ein kluger Abteilungsleiter

Irgendwann kurz vor seinem 18. Geburtstag ließ Gott den jungen Evangelisten aber doch eine Grenze verspüren, weil er seine Gesundheit unablässig und hemmungslos aufrieb. Jeden Abend veranstaltete Jimmy irgendeinen evangelistischen Dienst. Am nächsten Morgen stand er früh auf, marschierte zur Fabrik und schwang dort zwei schwere Gasbügeleisen gleichzeitig, um von den neuen Stoffen, bevor sie zur Zuschneiderei gebracht wurden, einen bestimmten Schimmer wegzubügeln. Zu anderen Zeiten hatte er auch mit einem schweren Bügeleisen zu schaffen, mit dem er Säume öffnete oder fertige Kleidungsstücke in die richtigen Falten preßte. Irgendwann war es für alle, die mit Jimmy zu tun hatten, augenscheinlich, daß der Junge immer blasser wurde und dieses Leben nicht mehr lange durchhalten würde. Sein Abteilungsleiter besuchte ihn an seinem Bügeltisch, um ihm klarzumachen, daß es sinnvoller sei, nicht zwei Dinge gleichzeitig, sondern das eine oder das andere zu machen, und das dann richtig. Im Blick auf die Arbeit, die Jimmy in der Fabrik tat, hatte der Boß ein großes Lob parat, das er in seinen eigenen Worten auszudrükken pflegte: »Du machst deine Sache sehr gut, du bist auf die Arbeit so scharf wie Senf!« Er sollte fortan seinen Platz ganz ausfüllen und mit dem Predigen aufhören oder aber umgekehrt verfahren. »Wenn du die Kerze von beiden Seiten abbrennst, brennst du dich dabei aus«, stellte der Abteilungsleiter fest, »und deshalb ist es jetzt für dich an der Zeit, eine Entscheidung zu treffen.«

»Ich will gehen!«

Innerlich aufgewühlt trat Jimmy nach Schichtende seinen Heimweg an. »Herr, wenn ich mich entscheiden soll«, betete er unterwegs, »dann werde ich mein ganzes Leben für das Predigen des Evangeliums da sein!« Am selben Abend wartete er, bis er nebenan die Mutter hatte zu Bett gehen hören. Dann brach er in der Stille seines Zimmers zusammen und weinte wie ein kleines Kind. Nach einiger Zeit jedoch kam die Mutter, die etwas gehört hatte, herein und fragte: »Jimmy, was ist mit dir los?« Mit tränenüberströmtem Gesicht schrie er: »O Mutter, ich möchte gehen! Ich möchte gehen! Ich möchte gehen!« Sie verstand ihn zunächst nicht und meinte, ein Junge von 17 Jahren, der schon zum Himmel gehen wolle, sei ein wenig eingebildet und verspielt. Jimmy protestierte: »Ich will nicht in den Himmel gehen – ich will gehen!« Die Mutter fragte: »Wohin denn?« Der Sohn fiel ihr um den Hals: »Ich möchte gehen und das Evangelium predigen! O Mutter, ich kann es nicht länger aushalten, ich kann nicht essen, nicht schlafen, nicht arbeiten. Ich muß gehen und den Verlorenen von Jesus erzählen.« Die Mutter spürte, daß hier mehr vorlag als nur eine jugendliche Neigung oder Begeisterung und daß ihr Sohn auf diesem Weg, der der Weg Gottes für ihn zu sein schien, wohl nicht mehr zu bremsen sein würde. Aber sie äußerte sich nicht näher dazu und sagte dem Jungen nur, daß er sich jetzt schlafen legen sollte.

»Gehe hin in dieser deiner Kraft!«

Tagelang lag die Last schwer auf Jimmys Seele. In einer weiteren Nacht, in der er wieder nicht schlafen konnte, nahm er sich vor, bis zum Morgen auf seinen Knien zu bleiben, um mit Gott zu sprechen und Gott durch sein heiliges Wort zu sich reden zu lassen. Mitten in seinem geistlichen Konflikt sprach Gott zu Jimmy durch das Buch der Richter und gab ihm die gleiche Ermutigung, die einst auch einem Gideon gegeben worden war: »Der Herr ist mit dir, du streitbarer Held! Gehe hin in dieser deiner Kraft!« Über diese Worte dachte Jimmy lange nach. Er selbst, das wußte er, hatte keine ausreichende Kraft – genauso wie Gideon. Der vor ihm stehende Auftrag erschien ihm in jeder Hinsicht zu schwer. Doch plötzlich dämmerte es ihm. Das Licht schien durch den Text hervor: »Gehe nicht in deiner eigenen

Stärke, sondern in der Kraft der Verheißung, daß ich mit dir sein werde!« Jetzt hatte Jimmy keinen Zweifel mehr – Gott hatte vom Himmel her durch sein Wort zu ihm gesprochen. Wenn der Befehl von oben kam, dann war es Sache des himmlischen Vaters, für sein schwaches Kind zu sorgen, wenn es dem Befehl gehorsam folgte. Bald darauf taten sich vor Jimmy ganz neue Wege auf, und so ging er in die Fabrik und kündigte seinen Job.

Prediger im Schülerdreß

Die Vorgeschichte für das, was jetzt im Leben des Jungen an die Reihe kam, lag zwei Jahre zurück. Jimmy war 15 Jahre alt, als er nach Nordirland in die Ferien fuhr, um den Menschen in der Heimatstadt seiner Mutter ein Zeugnis seines frohmachenden Glaubens zu sagen. Als das Schiff in Belfast ankam, wurde seine Seele durch den Anblick der großen Menschenmenge am Hafen stark bewegt. Wenige Minuten später stand er in der Stadt an einer Straßenecke und predigte vor einer großen Anzahl von Leuten, die neugierig stehenblieben und darüber völlig verblüfft waren, daß da vor ihnen ein Bub in kindlich kurzen Hosen stand und eine Predigt hielt – ganz allein. Er erzählte ihnen, daß er in Schottland geboren sei, seine Eltern aber aus Irland stammten, und daß er es nun als seine Pflicht empfände, den Iren von Jesus Christus, dem Heiland, weiterzusagen. Über seinem Dienst an der Straßenecke vergaß er die Zeit und verpaßte beinahe seinen letzten Bus.

Erste Kontakte mit den Brüdern aus London

Als Jimmy dann schließlich in Bushmills ankam, fühlte er sich, als ob er auf Wölkchen schwebte. Seine Schwester, die sich auch dort in den Ferien aufhielt, erzählte ihm eines Morgens, daß sie auf dem Marktplatz einen Missionswagen gesehen habe, der der Freiversammlungsmission London gehörte. Jimmy wurde von einer heiligen Erregung gepackt, rannte zum Marktplatz und hämmerte mit seinen kleinen Fäusten gegen die Tür des Wohnwagens. Ein Mann öffnete mit erstauntem Gesicht von innen und wollte wissen, weshalb da so ein Lärm gemacht wurde. Der 15jährige erzählte ihm und den anderen im Wagen sitzenden Mitarbeitern, daß auch er ein Prediger sei und am Abend mit ihnen die Botschaft auf dem Marktplatz sagen könne. Die Männer von der Freiversammlungsmission London nahmen den Jungen in ihre Reihen auf. Sie ließen ihn nicht sofort groß auftreten und predigen, jedoch sozusagen als »Lehrling« zuschauen. Als sie von Bushmills aufbrachen, durfte Jimmy mit ihnen fahren. Das waren für ihn großartige und überaus lehrreiche Tage. Der Weg führte sie die ganze Ferienzeit hindurch in alle möglichen nordirischen

Städte wie Portrush, Portstewart, Coleraine, Londonderry und viele andere.

Glückliche Tage mit »Happy Jim«

James Bryant, allgemein als »Happy Jim« bekannt, war ein berühmter Evangelist. Insbesondere unter den evangelikalen Leitern von London und in ganz Südengland war er überaus beliebt. Es war kaum zu glauben, wie das Evangelium seine verändernde Kraft in Bryants Leben verwirklicht hatte: Er war zuvor ein Trinker und ein gefürchteter Schläger gewesen, der unter Alkoholeinfluß den ganzen Londoner Stadtteil Fullham unsicher gemacht hatte. Um ihn einzusperren, brauchte es jedesmal mindestens ein halbes Dutzend Polizisten. Die Botschaft von Jesus, dem Sünderheiland, machte jedoch aus diesem Löwen ein Lamm und einen überzeugten Streiter für das Evangelium. Als für Jimmy die Ferien zu Ende gingen, legte »Happy Jim« seine Hand auf den Kopf des Jungen und sagte: »Ich habe für dich gebetet, Jimmy, und ich glaube, daß Gott dich als Evangelist haben will. Und jetzt möchte ich, daß du direkt nach Glasgow fährst und deiner Mutter erzählst, du solltest die weltliche Arbeit aufgeben. Ich werde dem Vorsitzenden unseres Bruderrats und auch der Sekretärin unserer Missionsgesellschaft schreiben, daß du jetzt mit mir nach London reisen kannst. Du mußt ein Evangelist sein!« Doch die Mutter hatte die ganze Angelegenheit seinerzeit mit anderen Augen gesehen. »Du bist noch zu jung und kannst noch kein Evangelist sein«, sagte sie voller Güte, »du bist nicht in Eile und solltest noch ein paar Jahre warten. Und solange segnet Gott deinen Zeugendienst in und um Glasgow.« Außerdem sei wohl zu überlegen, ob er nicht doch erst zu einer Bibelschule zu gehen habe, bevor eine Missionsgesellschaft ihn als Mitarbeiter annehmen werde.

Für den Wagen Nr. 1 bestimmt

Jetzt waren zwei Jahre vergangen, als Jimmy klar geworden war, daß seine Zeit in der Kleiderfabrik zu Ende ging. Er dachte an James Bryant und schrieb ihm einen Brief. Der erhielt das Schreiben, kritzelte einige Anmerkungen an den Rand und gab das Papier der Sekretärin, die es an den Vorsitzenden der Mission weiterreichte. Es dauerte nicht lange, bis Jimmy in Glasgow ein

Antwortschreiben mit der Bitte erhielt, nach London zu kommen und vorzusprechen. Nach dem Gespräch wurde der jugendliche Schotte sofort als vollzeitiger Evangelist der Freiversammlungsmission London angenommen. Er war zunächst ein wenig enttäuscht, daß er nicht mit »Happy Jim« reisen konnte, weil der bereits einen Mitarbeiter hatte. Zudem wünschte die Mission, daß Jimmy mit Wagen Nr. 1 durch Nordengland und Schottland ziehen sollte – wegen seines deutlichen schottischen Akzents. Dieser Wagen war mit dem pensionierten Kriminalbeamten Sergeant John D. Wheeler besetzt. Jimmy sollte sein Assistent sein und bei ihm lernen, wie man bei Freiversammlungen zu den Menschenmassen spricht.

Der grosse alte Sergeant Wheeler

Sergeant Wheeler war einst ein berühmter Detektiv gewesen. Seine Erfahrungen bei der Polizei waren ihm insbesondere unter den brüllenden Massen auf der Pferderennbahn, in Fußballstadien wie auch auf Marktplätzen von großem Nutzen. Und weil sich um ihn im Freien oftmals Tausende von Menschen sammelten, die er mit seiner machtvollen evangelistischen Botschaft erreichte, nannten viele Gläubige ihn den Nachfolger von Whitefield und Wesley. Er und seine Frau hatten sich auf die Zeit seiner Altersruhe gefreut. Aber Gott kam dazwischen und berief ihn als Freiversammlungsmissionar für die Massen Großbritanniens. Vor allem unter der arbeitenden Klasse war sein Name bald so etwas wie ein gutes Markenzeichen. Als berühmte amerikanische Evangelisten wie Dr. Reuben Arthur Torrey, Dr. Wilbur Chapman und Gypsy Smith sen. auf ihren Evangelisationsreisen durch England John D. Wheeler predigen hörten, luden sie alle ihn ein, an ihren missionarischen Zusammenkünften teilzunehmen. Wheeler hatte bei weitem die kräftigste Stimme, die Jimmy jemals bei einem Prediger gehört hatte. In jenen Tagen war diese Gabe von unschätzbarem Wert, weil es tragbare Lautsprecher noch nicht gab und die natürliche Stimme eines Straßenpredigers den Lärm und das Chaos des Innenstadtverkehrs durchdringen mußte. Jimmy war Gott dankbar, daß er an die Seite ausgerechnet dieses Lehrmeisters gestellt worden war.

Auf Jahrmärkten und Stadtfesten

So hatte Jimmy mit frohem Herzen der weltlichen Arbeit ade gesagt, und beide – Wheeler und er als der Kleine – wurden die ungewöhnlichsten, hervorstechendsten Prediger von ganz Großbritannien. Sie predigten fast ausschließlich draußen im Freien, nur sehr selten innerhalb eines geschlossenen Raumes. Sergeant Wheeler reagierte zumeist ziemlich sauer, wenn er eingeladen wurde, in geschlossenen Räumen zu predigen. Nach seinem Empfinden war sowas »Kinderspielerei« und »nur etwas für Weichlinge«. Er stand uneingeschränkt zum Motto der Freiversammlungsmission: »Der Meister unter den Massen!« Hauptziel der Mission war es, ins Herrschaftsgebiet des Teufels einzubrechen und das rettende Evangelium unmittelbar zu den Menschen zu bringen, wo sie sich gerade aufhielten. Jimmy erkannte darin die wahre apostolische Mission. Diese Evangelisten warteten nicht, bis die Leute zu ihnen kamen. Sondern sie gingen selber zu den Leuten hin und ihnen notfalls auch nach. Dazu gehörte auch, daß die Männer von der Freiversammlungsmission in engem Kontakt mit den Schaustellern blieben, die von Jahrmarkt zu Jahrmarkt und von Stadtfest zu Stadtfest zogen. Sergeant Wheeler und Jimmy Stewart spezialisierten sich auf Marktplatzeinsätze. Ebenso war es für sie nichts Ungewöhnliches, in der Frühe um 6 Uhr an den Hafendocks mit geöffnetem Missionswagen zu stehen, wo sich Tausende von Männern drängten, um Gelegenheitsarbeit für einen Tag zu finden. Hier fand man offene Ohren für die gute Botschaft und viele Gelegenheiten, Traktate in offene Hände zu geben.

Direkter Angriff bevorzugt

Jimmy jedoch bevorzugte die Rennbahn. Hier fand er all die Hektik, Aufregung und Begeisterung, die sich ein junger Mann bei der evangelistischen Arbeit wünscht. Manchmal kamen bis zu einer Viertelmillion Menschen zum Pferderennen, einer der großen Nationalsportarten auf den britischen Inseln. Solche Rennveranstaltungen zogen sich durchweg über eine ganze Woche hin. Wenn alles vorbei war, zog das Zweierteam Wheeler/Stewart in die nächste Stadt, die dann eine Woche lang im Zeichen des Rennens stand. Die beiden zahlten wie jeder andere ihr Eintrittsgeld, gingen durch das Drehkreuz und entrollten sogleich dahinter ihr Spruchband mit einem Evangeliumstext. Den Kontrolleuren, die sie am liebsten hinausgeworfen hätten, hielten sie ihre Eintrittskarten entgegen. Mit ihrem Spruchband in der Mitte marschierten die beiden Freiversammlungsmänner über die verschiedenen Tribünen, von wo aus die Menschen das Geschehen unten auf der Rennbahn beobachteten. Auf den größten Tribünen hatten bis zu jeweils 20000 Menschen Platz. Die Zuschauerränge waren rings um den Platz mit dem Reiterparcours aufgebaut, und dies bot Sergeant Wheeler mit seiner von Gott eingebauten Lautsprecherstimme den passenden Rahmen für eine Gospelveranstaltung. Gerade dies lernte Jimmy vom alten Wheeler: Der direkte Angriff war immer die beste Methode!

Rennbahn ein »gesegneter Predigtplatz«

Eine wichtige Erfahrung für Jimmy war auch die, daß die Menschen beim Hören der ersten Worte einer biblischen Botschaft zunächst erschreckt auffuhren, während sie als Freiversammlungsmissionare überhaupt keine Angst empfanden. Bevor sich jemand zu einer abwehrenden Haltung aufraffen konnte, wurde die Menge von Sergeant Wheeler überrascht: »Wie gut, liebe Freunde, daß ihr hierhergekommen seid! Es tut uns leid, daß wir so spät gekommen sind. Wir beginnen unseren Gottesdienst an diesem Nachmittag, indem wir Lied Nummer 66 singen: ›Welch ein Freund ist unser Jesus!‹ Was? Ihr habt nicht eure Liederbücher mitgebracht? Wie furchtbar! Egal, wir werden euch diesmal noch entschuldigen. Aber vergeßt nicht, morgen eure Liederbücher mitzubringen! Wir werden jetzt ein Lied singen, das jedermann kennt: ›Jesus, Heiland meiner Seele! Laß mich an dein Herze fliehn‹. Was? Niemand singt? Was ist denn los mit euch allen? Seid ihr etwa ein Haufen Abgefallener? Gut, dann müssen wir euch zusammen ein Duett singen!« Die Menge reagierte jedesmal sprachlos vor Schreck und Erstaunen und schaute die beiden Prediger an, als könnte sie ihren eigenen Augen und Ohren nicht trauen. Auf dem Heimweg zum Wohnwagen meinte Wheeler zu Jimmy: »Was für ein gesegneter Predigtplatz! Wo würdest du so viele Tausende mit dem Evangelium erreichen, ohne Geld für die Hallenmiete oder Zeitungsanzeigen auszugeben?«

Zwei Verkündiger als Attraktion

In jenen Zeiten gab es in England für derart ausgefallene und unerwartete Vorkommnisse noch keine rechtliche Handhabe, und so wagte es durchaus niemand, die Freiversammlungsmissionare, wenn sie ihren Eintritt ordnungsgemäß bezahlt hatten, von der Rennbahn zu verweisen. Das Team Wheeler und Stewart war bald bekannter als die Jockeys mit den berühmtesten Rennpferden, und über kurz oder lang fiel den Veranstaltern auch auf, daß die Zahl derer, die wegen der beiden Freiversammlungsmissionare kamen, größer war, als derjenigen, die sich nur wegen der Rennen einfanden. Das kam in diesen und jenen Einzelfällen vor. Manchmal hatten die beiden Verkündiger den Eindruck, als ob sich die gesamte Renngenossenschaft ohne sie als predigende Attraktionen einsam und verlassen vorgekommen wären. Für die Renngenossenschaften waren die Prediger der Freiversammlungsmission zuweilen wie die Bindfadenverschnürung ums Paket. Die buntgemischte, närrische Menge, die ihr Leben von der Dummheit des mit den Rennen verbundenen Glücksspiels bestimmen ließ, machte kein Hehl daraus, daß sie an jedem Nachmittag auf »ihre« beiden Prediger wartete. Wenn die beiden kamen, war erst richtig was los. Dann konnte die Veranstaltung beginnen.

Vier Gruppen draussen auf dem Turf

Dabei machte John D. Wheeler es den Typen vom Turf keineswegs leicht, wenn er sie ihr Geld beim Wetten einsetzen sah. »Wenn du gewinnst, bist du ein Dieb«, schoß er sie an, »denn dann hast du das Geld von jemand anderem erhalten, das du nicht verdient hast. Wenn du dein eigenes Geld beim Wetten verlierst, dann bist du ein vollkommener Narr!« Die beiden Evangelisten waren auch mit einigen bekannten Jockeys in Kontakt. Sie stellten unter den fünf Sorten von Menschen draußen auf dem Turf etwas besonderes dar. Sie waren diejenigen, die zusammen mit ihren edlen Vierbeinern die eigentliche Show zu bringen hatten. Die anderen vier Sorten waren die, die das Spektakel mit Interesse verfolgten, ihre neueste Garderobe spazieren führten und das Ganze als lokalpolitisch-gesellschaftliches Ereignis werteten, wo man eben dabeizusein hatte. Diese vier Gruppen teilten sich wiederum auf in die reinen Zugucker sowie die drei Parteien, die eng zusammenarbeiteten, um dem Rennen durch das Wettspiel um Geld eine besondere Spannung zu geben: die Spieler, die Buchmacher und – Jimmy fand diese am interessantesten – die Tipgeber.

Die Glücksspieler

Der Spieler war der, der auf den Sieg eines Pferdes seine Pfundnoten einsetzte und hoffte, daß der Gaul denn auch als ester durchs Ziel kam, damit er sich hernach mehr Pfunde abholen konnte, als er eingesetzt hatte. Wenn der Gaul, auf den er sein Vertrauen gesetzt hatte, plötzlich lahmte, waren die Geldscheine weg. Der Buchmacher war der, der das Geld einkassierte und nach dem Renndurchgang entweder auszahlte oder einbehielt, und stellte innerhalb des gesamten Geschehens eine feste Institution dar. Der Tipgeber hingegen war der, der mit durch und durch überzeugendem Kennerblick sowohl die Pferde als auch die Startliste abcheckte, um dann einem Spieler mit dem Ausdruck visionärer Erleuchtung auf dem Antlitz gegen hartes Geld den Tip zu verkaufen, welches Pferd das nächste Rennen machen werde . . . Völlig außerhalb dieses Geschehens und doch mittendrin standen die zwei Evangelisten von der Freiversammlungsmission, die den Menschen die Botschaft von Jesus Christus zuriefen und sie zuweilen auch mehr oder weniger vom Glücksspiel abzuhalten suchten.

Buchmacher und Tipgeber

Manchmal kam ein Buchmacher mit einer Mischung aus Wut und Verzweiflung auf dem Gesicht zu Jimmy gelaufen – an die Persönlichkeit von Sergeant Wheeler wagte sich zumeist niemand heran – und fauchte: »Du schädigst mein Geschäft! Ich schlag dir die Zähne ein!« Andere sagten: »Wir geben euch jedem einen Zehnpfundschein, wenn ihr bloß hier verschwindet!« Gegen Ende eines Renntages gerieten die Tipgeber, die bis dahin noch nicht genug Geld »verdient« hatten, in ziemliche Hektik und betätigten sich mit ihren prophetischen Vorhersagen wie echte Marktschreier: »Ein todsicherer Tip! Ein todsicherer Tip! Ich verkaufe Ihnen den todsicheren Tip!« Jimmy lief hinter dem Ausrufer her und rief in gleicher Lautstärke: »Lebendige Wirklichkeit! Lebendige Wirklichkeit! Es ist lebendige Wirklichkeit und todsicher, daß du einmal sterben mußt! Es ist besser, wenn du jetzt und hier mit Gott ins reine kommst!« Ein anderer kreischte in rasendem Pidgin daher: »Zwei zu eins! Zwei zu eins! Setz eins! Zwei zu eins! Setz eins!« Jimmy schob sich nahe an ihn heran und rief derselben Menge zu: »Setz nichts! Setz nichts! Wenn du den Himmel versetztest, hast du dich selbst versetzt!«

Botschaft in den Pausen

Es gehörte für Sergeant Wheeler und Jimmy Stewart zum evangelistischen Handwerk, die Sprache vor allem der Tipgeber aufzugreifen und in deren Ausdrucksweise den Menschen eine andere Denk- und Lebensrichtung aufzuzeigen. Das Rennen der Pferde dauerte jeweils nur einige Minuten. In den Pausen dazwischen, wenn die Leute ihre Gewinne abholten und neue Wetten fürs nächste Rennen abschlossen und auch die Tipgeber ihr Schäfchen ins Trockene zu bringen suchten, boten sich für die Verkündiger die besten Gelegenheiten, ihre Botschaft weiterzusagen. Diese Zwischenzeiten erstreckten sich durchweg über 20 bis 25 Minuten. Wenn im Verlauf des Renntages die Spannung und das Spielfieber stieg, spitzte sich für manchen Spieler die Situation zu. In jugendlichem Übermut nahm sich Jimmy manche Dreistigkeit heraus. So zeigte er beispielsweise mit der Hand auf einen Mann, welcher mit verzweifeltem Gesichtsausdruck den offenen Geldbeutel hielt und seine letzten Pennies durchzählte: »Seht euch diesen armen Herrn dort an! Gerade vor ein paar Minuten lachte er noch und verspottete uns, und jetzt ist er am Ende, denn er hat all sein Geld verloren! Wenn er nicht aufpaßt, wird ihn noch der Teufel erwischen, und er wird seine Seele verlieren! Was hülfe es dem Menschen, wenn er die ganze Welt gewönne und nähme doch Schaden an seiner Seele?«

Während des Rennens Dienst auf den Knien

Während ein Rennen lief, konnten die beiden nicht predigen. Hätten sie es versucht, so hätten sie auf der Stelle eine Lynchaktion heraufbeschworen. Schon auf dem Weg zur Pferderennbahn hatte Sergeant Wheeler seinem jungen Helfer gesagt: »Wenn du Leute sehen willst, die wirkliche Sklaven Satans sind, brauchst du nur zum Turf zu gehen. Diese verrückten Menschen können ihr Spielfieber nicht mehr kontrollieren, und manchmal kannst du zusehen, wie einer völlig überschnappt, nur noch hysterisch herumschreit und fortgetragen werden muß.« Immer wenn der Startschuß übers Gelände peitschte und die Zuschauer aufschrien: »Da! Jetzt!« – dann stellten die beiden Evangelisten ihre Bibelwort-Banner ab, nahmen die Sandwich-Poster ab, knieten still in einer Ecke nieder und beteten für die Menschen und den Dienst der Verkündigung, bis das Rennen vorbei war. Bei den ersten Einsätzen fiel es Jimmy sehr schwer, beim Beten die Augen geschlossen zu halten, weil er in ständiger Angst war, von jemand tätlich angegriffen zu werden. Die Situation der beiden Prediger war nie ohne Gefahren.

Der Märtyrer und die Tomate

Einmal nahmen sie einen sehr lieben, aber etwas weltfremd wirkenden Bruder, der auch gern den Glücksspielern das Evangelium weitersagen wollte, mit auf den Turf. Er verstand von dieser Art der Evangelisation so gut wie nichts und schaute sich immer wieder ängstlich um, ob auch nichts passieren würde. Es passierte denn auch. Sergeant Wheeler befand sich in einiger Entfernung mit einem Menschen im Gespräch. Jimmy hielt gerade eine seiner flammenden Kurzpredigten. Da trat ein hünenhaft gebauter Mann auf ihn zu und rammte ihm die Faust in den Magen. Zunächst wälzte sich der junge Evangelist einige Minuten lang röchelnd am Boden. Anschließend stand er auf, erholte sich eine halbe Stunde lang und machte dann weiter, als ob nichts geschehen wäre. Dies spornte den missionarischen Neuling mächtig an, und so faßte er sich ein Herz, um auch den Verlorenen die Botschaft weiterzusagen. Er predigte gut und ließ eine große Leidenschaft für die Seelen der Menschen erkennen. Und immer wieder schloß er beim Reden kurz die Augen. Dabei passierte es dann, daß man einen lauten Klatsch hörte, weil den lieben Bruder irgend etwas ins Gesicht getroffen hatte. Er faßte sich mit der Hand auf die Augen, sah etwas Rotes daran herunterlaufen und rief: »O ich bin verletzt! Jemand hat mir den Kiefer eingeschlagen! Jetzt werde ich sterben müssen – und ich sterbe für meinen geliebten Herrn und Heiland! Schaut euch das Blut an meinen Händen an . . .« Er fing an, Gott zu danken, daß er nun als Märtyrer sterben dürfe. Sergeant Wheeler erklärte ihm trocken: »Du bist noch nicht tot. Warte, bis wir dich wegtragen.« Es war eine Tomate, die den Mann getroffen hatte. Jimmy hatte bei dem anstrengenden Versuch, sein Lachen zurückzuhalten, immer noch Schmerzen in der Magengegend.

Trophäen der rettenden Gnade

Nicht alle unter den Gemeindechristen, die betend hinter der Arbeit der beiden Freiversammlungsmissionare standen oder auch Kritik übten, konnten verstehen, weshalb sich Wheeler und Jimmy Stewart immer wieder ausgerechnet diese lärmenden, chaotischen Einsatzorte aussuchten. Manche sagten: »Bei so einem Krach kann man doch nicht evangelisieren. Nur an einer stillen Stelle legt Gott seinen Anker an!« Die beiden Evangelisten spürten in der Tat, daß sie im Renngeschehen ständig vor Angriffen des Teufels umgeben waren – doch gerade hier erfuhren sie auch, daß es sich bei ihm nur um einen besiegten Feind handelt. Einige der erstaunlichsten »Trophäen der rettenden Gnade«, wie Sergeant Wheeler es nannte, kamen von den großen Rennveranstaltungen.

Ein Mensch als besondere Gebetslast

Gott legte einen Mann ganz besonders auf Wheelers Herz. Es war einer der bekanntesten Buchmacher von Großbritannien. Er machte wöchentlich Tausende von Pfunden durch das Annehmen von Wetten bei den Pferderennen. Überall wo Sergeant Wheeler und Jimmy Stewart im Lande mit Christen in Kontakt kamen, erzählten sie von diesem Mann und gewannen so für seine Seele eine überaus große Beterschar. Die beiden Freiversammlungsmissionare führten diese Aktion über längere Zeit durch. Alle Gläubigen, die sie trafen, bekamen zu hören: »Betet für diesen Mann, daß Gott ihn retten kann.« Nach vielen Wochen kamen die Verkündiger wieder in die Stadt dieses Buchmachers, weil dort gerade ein neues Rennen lief. Als sie sich seinem Stand näherten, verlor er bei ihrem Anblick beinahe die Fassung: »Ihr seid wieder hier? Geht mir aus der Sicht! Schon euer Anblick macht mich krank! Warum bleibt ihr nicht da, wo ihr herkommt? Ihr habt kein Recht hierher zu kommen!« Jimmy antwortete ihm: »Reg dich ab! Du handelst nach deinem Rennbuch, wir handeln nach unserem Buch. Wir haben unseren Marschbefehl erhalten. Unser Herr Jesus sagt: ›Gehet hin in alle Welt und predigt das Evangelium!‹

Na, ist das hier nicht ein Teil der Welt? Nun sei bloß ruhig, während wir predigen!«

Ringen um eine einzige Seele

Jedesmal wenn die beiden Evangelisten wieder im Turfgeschehen auftauchten, konnten sie feststellen, daß der Zorn und Ärger des Buchmachers eine neue Steigerung aufwies. Die zwei wußten dann, daß er der inneren Überführung von seiner Sünde durch den Geist Gottes wieder ein Stück näher gekommen war. In dieser Stadt, es handelte sich um Newcastle, gelang es der Freiversammlungsmission immer wieder, nach monatelanger Vorbereitung mit dem Kanzelwagen ins Turfgelände vorgelassen zu werden und dort einen reservierten, weil teuer bezahlten Platz zu belegen. Aus dem seitlich geöffneten Wohnwagen predigten Sergeant Wheeler und sein Assistent das Evangelium während der Pausen zwischen den Rennen zu tausend, manchmal auch zweitausend Zuhörern. Abends fuhren sie dann mit dem Wagen hinaus auf den Marktplatz in der Innenstadt und evangelisierten dort in der gleichen Weise. Bei einem solchen Einsatz in der City von Newcastle geschah es dann, daß Wheeler plötzlich seine Predigt abbrach und Jimmy ins Ohr flüsterte: »Unser Buchmacher ist in der Menge. Mach du jetzt weiter. Vielleicht erreicht dein jugendlicher Aufruf sein Herz.« Während Wheeler aus dem Blickfeld der Zuhörer verschwand und sich unbemerkt in die Nähe des Buchmachers begab, predigte Jimmy mit allem Nachdruck, daß es nur eine einzige Möglichkeit der Errettung aus der Sündenverdammnis gebe, nämlich die ganze Umkehr zu Jesus Christus, dem Sünderheiland. Nach Abschluß seiner Ansprache bat er ein an diesem Einsatz beteiligtes Mädchenquartett, ein Lied vorzusingen.

Vierstimmig ließen die jungen Schwestern das Lied erklingen:

»Dort auf Golgatha stand
einst ein alt rauhes Kreuz,
stets ein Sinnbild
von Leiden und Weh;
doch ich liebe das Kreuz,
denn dort hing einst der Herr,
und in ihm ich
das Gotteslamm seh.

Schätzen werd ich das
alt rauhe Kreuz,
bis ich Jesum erblick
auf dem Thron.
Ich will halten mich
fest an das Kreuz.
Einst halt ich dafür
eine Kron.«

In der Mitte des Liedes verließ der Buchmacher plötzlich die Freiversammlung und rannte auf geradem Wege in die nächste Kneipe.

GEWONNEN!

Nachdem die Rennwoche in Newcastle beendet war, zogen Sergeant Wheeler und Jimmy weiter und beteten unterwegs anhaltend, daß Gott den ausgestreuten Samen segnen und aufgehen lassen möge. Wenige Tage später befanden sie sich draußen am Strand der Nordsee unter lauter Menschen, die Ferien machten, viel Zeit hatten und der Botschaft der Bibel gern zuhörten. Einen ganzen Monat lang predigten sie täglich dreimal unter freiem Himmel. Abends fanden sich zuweilen bis zu 2000 Menschen ein. Hier an der Küste erreichte die beiden Verkündiger die Nachricht, daß sich der Buchmacher von Newcastle, eben »ihr« Buchmacher, bekehrt und sein Leben ganz an Jesus Christus ausgeliefert habe. Man teilte ihnen auch Einzelheiten des Geschehens mit: Jener Mann hatte, was niemand zuvor gewußt hatte, zu Hause eine Frau, die Christin war und zusammen mit ihren kleinen Töchtern täglich für ihn betete. Als der Buchmacher an jenem Abend während des Gesangs der jungen Mädchen in die Gaststätte gerannt war, um sich mit Alkohol vollaufen zu lassen, hatte er auf einmal vor seinem geistigen Auge seine zwei Kinder gesehen, wie sie vor ihrem Bettchen knieten und beteten, und dann meinte er auch die Stimme der einen zu hören, wie sie zu Gott rief: ». . . und mach aus meinem Vati einen guten Vati! Amen.« Er bezahlte sein Getränk, lief hinaus und suchte in der Nähe seines Hauses einen Prediger auf. Dem teilte er mit, daß er nicht länger rebellieren und Gott widerstehen könne und sich jetzt bekehren müsse, weil er sonst ewig verloren gehe. Aber er wolle gerettet werden. Der Prediger, dem der Buchmacher bekannt war, wollte ihm zuerst nicht glauben und hielt das ganze für einen üblen Trick. Nach einer Weile aber ließ er sich doch überzeugen, daß der Mann es völlig ernst meinte, gab seine vorsichtige Zurückhaltung auf und kniete mit ihm nieder, um mit ihm zu beten und ihn zu Jesus Christus zu führen.

Vor Freude einen Highland Fling getanzt

Als diese Neuigkeit Sergeant Wheeler und Jimmy zu Ohren kam, sprang der Junge in die Luft und fing an, einen Highland Fling, den schottischen Nationaltanz, tanzen. Der fast 70jährige Sergeant setzte sich auf den nächsten Stuhl, bekam feuchte Augen und sagte: »O Jimmy, was haben wir für einen wunderbaren Gott! Er hat die Kraft, sogar einen solchen Menschen zu erretten und aus ihm einen Heiligen zu machen. Was für eine Gnade des Herrn, sich so herabzulassen und einen so bösen Mann zu retten, der nichts als die Verdammnis verdient hatte! Aber wir waren ja auch nicht besser. Und mit uns hat Gott es genauso gemacht!« Jahre später erfuhr Jimmy, daß aus dem ehemaligen Buchmacher ein Methodistenprediger in Nordengland geworden war.

Von geistlicher Autorität gefesselt

Jimmy lernte nie wieder im Leben einen derart bevollmächtigten Freiversammlungsprediger kennen wie John D. Wheeler. Er war so völlig anders als die vielen Verkündiger, die es gewohnt waren, in kleinen oder großen Sälen oder Hallen vor Menschen, die gemütlich auf Stühlen saßen, zu predigen. Wheeler sprach unter freiem Himmel zu Menschen, die gar nicht aufs Zuhören oder Stehenbleiben eingestellt waren, und strahlte eine solche Autorität aus, daß sich binnen weniger Minuten fast jedesmal eine Menge von einigen hundert Menschen um ihn und seine Botschaft sammelte. Seine Zuhörerschaft bestand, wo er an einer Straßenecke oder in einem Park predigte, fast immer nur aus Männern. Sie alle waren, ohne es selbst zu merken, von seiner riesigen Statur und seinem ernsten, durchdringenden Reden völlig gefesselt. An einem sommerlichen Sonntagabend waren es am Eingang eines Parks etwa 4000 Menschen, die Wheelers mächtiger Stimme lauschten. Vor allem die Männer gehörten zu jenem Personenkreis, denen es offensichtlich niemals einfallen würde, von sich aus eine Kirchentür zu öffnen und sich unter eine Kanzel zu begeben. Sergeant Wheeler wußte mit Menschen jeglicher Herkunft umzugehen und versetzte in der Kraft des Geistes Gottes die Zuhörerschaft nahezu jeder Freiversammlung in eine Atmosphäre heiliger Stille und Aufmerksamkeit.

Werben für Jesus, den Herrn der Welt

Die rauhesten Typen unter den Zuhörern merkten oftmals nicht, wie sie sich unter Wheelers Botschaft die Tränen aus den Augen wischen mußten. Wie oft Jimmy den Mann auch predigen hörte, immer wieder packte ihn selbst die Art, wie der riesige Mann plötzlich vom Drohen des göttlichen Gerichts umschwenken konnte zum inbrünstigen, liebevollen Werben für Jesus, den Herrn und Heiland der Welt: »Warum willst du ihm nicht jetzt dein Vertrauen schenken? Warum kehrst du dem, der dich so liebt und sich für dich ans Kreuz hängen ließ, immer noch den Rücken zu? O Männer! Ich weiß gar nicht, wie ihr das fertigbringt, ihn noch länger aus eurem Herzen und Leben herauszuhalten!«

Sergeant Wheeler illustriert seine Botschaft

Und zu jeder Predigt gehörten als Illustration des Kerngedankens praktische Erfahrungen aus seinem Leben als Detektiv bei Scottland Yard. »Ihr meint immer, Christus sei euer größter Feind, der euer Leben beherrschen und euch allen Spaß verderben möchte«, begann Sergeant Wheeler seinen Bericht, wobei er sich über sein Wagenpult lehnte und seine Augen die Augen der Männer suchten. »Aber ich will euch sagen, daß Jesus Christus euer bester Freund ist! Eines Tages hatte ich vor dem High Court in Manchester als Zeuge gegen einen berüchtigten Kriminellen auszusagen. Danach ging ich über die Gerichtsflure und hörte durch die Tür die laute Stimme eines Verteidigers, der gerade plädierte. Ich ging in den Saal hinein und hörte eine Weile zu. Die Atmosphäre war überaus gespannt. Da wurde ein Angeklagter namens Kelly für den Diebstahl einer wertvollen Uhr verantwortlich gemacht. Die Uhr war in der Tat gestohlen worden, und man hatte sie im Besitz von Kelly gefunden. Der sagte, er hätte die Uhr ahnungslos gekauft und auf gar keinen Fall gestohlen. Aber das glaubte ihm niemand, und das Gericht sah ihn schon fast als überführt an, den Diebstahl begangen zu haben.«

»Man fragte den Angeklagten«, fuhr Wheeler fort, »von wem er die Uhr gekauft habe. Kelly sagte, daß er das Gesicht des Mannes kennen würde, aber nicht seinen Namen. Im Saal wurde ein unterdrücktes Lachen laut. Es kam zu noch mehr allgemeiner Belustigung, als der Angeklagte mit lauter Stimme betonte, der Preis, den er für die Uhr gezahlt hätte, seien 30 Pfund gewesen. Jedermann im Gerichtssaal aber konnte sehen, daß das Beweisstück nicht halb so viel wert war. ›Ich sage Ihnen, ich habe sie nicht gestohlen‹, schrie der Mann, ›ich habe sie gekauft! Warum glaubt ihr mir nicht?‹ Der vorsitzende Richter wies ihn zurecht, er habe solche Ausbrüche zu unterlassen.« Sergeant Wheeler: »Ich erkannte, daß der Fall für diesen Mann einfach hoffnungslos war, und ich wußte in dieser Angelegenheit etwas, was das ganze Gericht nicht wußte. So meldete ich mich mit erhobener Hand, ging zum Zeugenstand und bat, mich zu vereidigen. Der Gerichtsvorsitzende fragte: ›Was wollen Sie?‹ Ich sagte: ›Ich möchte in diesem Fall den Beweis antreten.‹ Weil ich in Polizeiuniform war, hielt der Angeklagte mich für seinen Feind. Er schrie: ›Hören Sie ihm nicht zu! Er weiß überhaupt nichts von der ganzen Sache! Er will mich nur fertigmachen! Hören Sie ihm nicht zu!‹ Der Richter befahl ihm, still zu sein, und ich durfte dem Gericht mitteilen, daß ich viele Wochen zuvor zwei Strafgefangene in der Eisenbahn auf dem Weg von einem Knast in einen anderen zu begleiten hatte. Dabei bekam ich deutlich mit, daß der eine Gefangene dem anderen grinsend mitteilte: ›Ich habe den alten Kelly korrekt behandelt – ich verkaufte ihm eine Uhr für 30 Pfund, und sie war noch keine zwei Pfund wert . . .‹ Der Angeklagte schaute mich plötzlich an, als hätte er mich am liebsten geküßt. Eine halbe Stunde später verließ er das Gericht als freier Mann.«

ANWENDUNG: DER HERR STEHT VOR DER TÜR UND KLOPFT AN

Von diesem Punkt her zog Sergeant Wheeler die Verbindung zu der Botschaft, die er zu sagen hatte: »Der Heiland, Männer, tritt im ewigen Gericht nicht gegen euch auf, um euch anzuklagen, sondern um für euren Freispruch zu bitten, weil er die Strafe für eure und meine Schuld am Kreuz auf Golgatha getragen hat! Glaubt nicht des Teufels Lüge! Jesus Christus ist dein bester

Freund und nicht dein ärgster Feind. Er steht vor deinem Herzen und sagt: ›Siehe, ich stehe vor der Tür und klopfe an! Wenn jemand meine Stimme hören wird und die Tür öffnet, zu dem werde ich eingehen und das Abendmahl mit ihm halten und er mit mir.‹«

Außergewöhnliche Spezialisten als Lehrmeister

In jener Zeit der Einsätze mit der Londoner Freiversammlungsmission lernte Jimmy einen der bedeutendsten Männer kennen, die ihm jemals im Bereich der Evangelisation begegneten. Er hieß Nickolson und wurde nach den Anfangsbuchstaben seiner Vornamen W. P. kurz und liebevoll von allen »Weepee« (deutsche Aussprache: Uiepie) genannt. Gott war dem wilden Seemann Weepee lange Zeit nachgegangen, bis er ihn fand und errettete. Nach seiner tiefgreifenden, grundlegenden Bekehrung kam Weepee in seinen nordirischen Heimatort Bangor zurück und besuchte dort die örtliche presbyterianische Kirche. Wie Tausende anderer »Christen« um ihn her, begann auch er ein durchweg enttäuschendes Christenleben zu führen. Eines Tages fand in Bangor eine Bibelwoche statt, und die dort verkündigte Botschaft stellte Weepee Nickolson völlig auf den Kopf. Endlich hatte er begriffen, daß ein Leben für Christus ein Leben der Tat und der Hingabe bedeutete.

Rauher Seefahrer bekam weiche Knie

Aber als Gott ihn vor die ersten klaren Anforderungen des Dienstes stellte, bekam der einst so rauhe Seefahrer weiche Knie. Er wurde gebeten, zusammen mit der Heilsarmee durch das Zentrum der Stadt zu marschieren. Er kam sowieso aus einer Familie des niedrigsten sozialen Standes. Und nun auch das noch! Was würden alle die braven, reservierten Presbyterianer dazu sagen? »O Gott«, betete er, »bitte, tu mir das nicht an! Ich will alles für dich tun . . . aber nur dies nicht! Das bringt mich um!« Den Rest dieser Geschichte erzählte Weepee Nickolson dann so: »Selbstverständlich bin ich an diesem Abend marschiert. Das war für mich der Weg ins Sterben. Mein dickes altes Ich mußte in den Tod. Auf dem Weg durch die Straßen der Stadt wurde ich ein Narr um Christi willen.« Von da an konnte Gott ihn gebrauchen.

Weepee veränderte ganz Nordirland

Von diesem Schritt an gab es für Weepee kein Zurück mehr. Er ging seinen Weg im Glauben voran für seinen großen Herrn, dem er alles verdankte. Zunächst schickte Gott ihn nach Ulster. Hier schenkte der Herr als Folge des Dienstes von Weepee Nickolson eine derart mächtige Erweckung, daß die ganze Stadt in Aufruhr geriet. In der presbyterianischen Kirche verstand man ihn nicht, hielt man ihn für einen Schwärmer und setzte man ihn scharfer Verfolgung aus. Unabhängig davon sprach man noch eine Menschengeneration später darüber, daß es nie zuvor und nie danach solche Erweckungsszenen in ganz Großbritannien gegeben habe. Durch den Dienst von Nickolson wurde das ganze Leben in Nordirland zu jener Zeit verändert. Als James Stewart in späteren Jahren einmal auf der irischen Keswick-Konferenz zu predigen hatte, fand er bald heraus, daß die überwiegende Mehrheit der Gläubigen direkt oder indirekt durch diesen Mann zu Jesus geführt worden war.

Beim wilden Billy Sunday in der Lehre gewesen

Eine Zeitlang arbeitete Weepee Nickolson mit dem Amerikaner Billy Sunday, einem legendären Haudegen unter den Evangelisten seiner Zeit, zusammen. So bekam er von dessen aggressiver Redeweise einiges ab. Billy Sunday war einer gewesen, der mitten in der Predigt plötzlich mit einem Fuß auf dem Rednerpult stand, die Ärmel hochkrempelte und schrie: »Komm her, Teufel, und du kriegst Dresche!« (»Come on, devil, I'll fight you!«) Ganz so stark trieb Weepee Nickolson es nicht, aber es ergab sich doch aus seiner durch Derbheit hervorstechenden Persönlichkeit, daß es nur selten Frauen gab, die ihm gern zugehört hätten. Weepee war ein Prediger für die Männer. Seine Sprechweise erinnerte Jimmy immer an einen Schwergewichtsboxer, der unablässig donnernde Schläge auf den Körper seines Gegners prallen läßt. Er war eine Art moderner Johannes der Täufer, der kompromißlos alles einsetzte, um jegliche Sünde zurückzudrängen.

Dienst in den Docks von Clydebank

Als Jimmy ihn kennenlernte, veranstaltete Weepee gerade im Auftrag der Evangelischen Allianz von Glasgow einen sechs Monate andauernden evangelistischen Feldzug in der Stadt. John D. Wheeler und sein Assistent wurden eingeladen, um während eines Teils der ganzen Zeit als Freiversammlungsevangelisten in Glasgow auf die Straße zu gehen und das Wort Gottes zu predigen. Als sie sich mit Nickolson zu einem Arbeitsteam vereinigten, evangelisierte er gerade im Stadtteil Clydebank, wo die Cunard-Schiffswerft ihre großen Luxusliner baute und jederzeit viele Arbeiter anzutreffen waren, insbesondere zum Schichtwechsel. Hier hatten dann Sergeant Wheeler und Jimmy ihren Kanzelwagen aufzustellen und, bei verschiedentlich wechselnden Standplätzen von Dock zu Dock, den Werftarbeitern während der Mittagspausen sowie zum Feierabend die gute Botschaft zu sagen. In der Stadt selbst wurde die Evangelisation eröffnet, indem rund 1000 Gläubige durch die Straßen zogen, Lieder sangen und die Bevölkerung zu den Veranstaltungen einluden. Als Weepee Nickolson einmal zu Wheeler und Jimmy in die Docks hinauskam, um sich persönlich an der Evangelisation unter den Arbeitern zu engagieren, staunten die beiden Profis von der Freiversammlungsmission über dessen Fähigkeit, das Evangelium ebensogut im Freien wie auch in geschlossenen Hallen verkündigen zu können. Dabei war Weepee bereits in vorgerücktem Alter. Jahre später, als er bereits 80 war, führte er in Ulster noch einen großen Feldzug durch, als er plötzlich wegen Herzschwierigkeiten aussteigen mußte. Trotz aller Schwachheit aber sah er sich doch gedrängt, die große Evangelisation weiterzumachen. Kurz danach nahm Gott seinen treuen Knecht zu sich in die Herrlichkeit.

Atmosphäre, Kampfgeist, Bussruf

Rückschauend stellte Jimmy später voller Dankbarkeit fest, daß er nach Gottes Plan bei drei außergewöhnlichen Spezialisten das evangelistische Handwerk aus drei verschiedenen Richtungen hatte lernen dürfen. Bei Tom Rea wurde er damit vertraut gemacht, wie missionarische Veranstaltungen in geschlossenen Räumen ablaufen müssen, wie Botschaft und Atmosphäre in diesem Rahmen aufeinander abgestimmt zu sein haben. Sergeant John D. Wheeler hatte ihm den Kampfgeist, den Sinn und die Strategien für Freiversammlungen beigebracht. Und bei Weepee Nickolson lernte der Jungevangelist James Stewart, wie wichtig es ist, den Ruf zur Sinnesänderung unter den Christen erschallen zu lassen, um sie in ihrem persönlichen Leben durch die Kraft des Wortes Gottes, durch unmittelbaren Gehorsam gegenüber diesem Wort sowie durch echte Heiligung zur Fülle des Heiligen Geistes zu führen. Hier lernte Jimmy auch das, was er über den

Unterschied zwischen Erweckung und Evangelisation später einmal so niederschrieb:

»Die Mehrheit der Christen verwechseln Erweckung mit dem Werk der Evangelisation. Dieses Mißverständnis wird verständlich vor dem Hintergrund, daß Erweckung durchweg eine große Welle der Evangelisation und des Sammelns neu wiedergeborener Seelen zur Folge hat. Erweckung führt zu Evangelisation, aber Evangelisation muß nicht zu Erweckung führen. Echte, vom Geist gewirkte Evangelisation folgt immer auf eine evangelistische Veranstaltung. Nur in ganz wenigen Fällen entsprang Erweckung aus einer organisierten Evangelisation.«

»Lieber verbrenne ich . . .«

Sergeant Wheeler beobachtete an seinem jungen Assistenten, daß der in seinem Dienst und Einsatz für den Herrn nicht zu bremsen war. Der Bursche schien Tag und Nacht predigen zu wollen. Während einer Woche im Freiversammlungsturnus hielt der kleine Jimmy durchschnittlich 40 Ansprachen. Wheeler machte den Versuch, dem jungen Bruder die wichtige Lektion beizubringen, daß auch im Dienst des Herrn jeder Körper seine Zeit der Entspannung und Ruhe benötigt. Der alte Sergeant erzählte Jimmy, daß beispielsweise der berühmte Dr. Torrey bei seinen evangelistischen Feldzügen niemals an einem Montagabend gepredigt habe und sein Platz dann immer für andere Prediger frei gewesen sei. Doch da stieß er bei Jimmy auf völliges Unverständnis; er sah darin keine Weisheit und empfand es als Zeitvergeudung, wenn er nicht rund um die Uhr zum Predigen bereitstand. Sergeant Wheeler ließ jedoch nicht locker und brachte den Jungen mit christlichen Ärzten in Kontakt, die ihn vor der Gefahr ununterbrochener Aktivitäten warnten. Jimmy lachte und antwortete: »Lieber verbrenne ich, als daß ich durchroste . . .« Der Erfüllung dieses zweifelhaften Wunsches kam er schneller nahe, als er geahnt hätte und ihm lieb gewesen wäre.

Erster Kollaps und Selbstvorwürfe

Plötzlich war der erste gesundheitliche Zusammenbruch da. Der allezeit rastlose Jimmy lag auf der Nase und hatte für einige Zeit das Bett zu hüten. Er war zornig auf sich selber und schimpfte sich einen Esel. Aber das half nun nichts mehr. Er mußte einsehen, daß er vorerst stillzuhalten und anschließend nach einem anderen, weniger anstrengenden Dienst Ausschau zu halten hatte. Die Missionsleitung gab ihm die Genehmigung, aussteigen zu dürfen und heimzufahren, um sich gut zu erholen. Das gelang ihm jedoch nur sehr begrenzt. In den eigenen vier Wänden hielt er es nicht lange aus, und zog auf die Straße seiner Heimatstadt und predigte zeitweise emsiger als zuvor. Bei alledem brachte er tagelang im Gebet vor Gott die Frage, wohin er sich denn nun wenden und wo er einen neuen Dienst finden solle. In der Stille machte der Herr ihm an einem Morgen klar, daß er nach

London gehen sollte. Vorerst aber hatte er sich noch ausgiebig und wirklich auszuruhen und zu erholen. Gott schickte ihn – Jimmy war zu der Zeit noch Mitarbeiter der Freiversammlungsmission und bekam zu dem Zweck verlängerten Urlaub – ins Grenzgebiet zwischen Nordengland und Schottland. Hier hatte er bereits in vielen Dörfern und Kleinstädten gepredigt, und so wurde er dort spontan von den Christen am Ort begrüßt. Der Dienst, den Jimmy hier zu tun hatte, erstreckte sich im wesentlichen auf ausgedehnte Spaziergänge, bei denen er sowohl seelsorgerliche als auch sonstige brüderliche Gespräche mit Gemeindegliedern und Freunden führte.

Neuaufbrüche durch Grenzland-Bewegung

Bei diesen Gelegenheiten gebrauchte Gott den immer noch jugendlichen Evangelisten, eine gute Idee aufzubringen und in eine neue missionarische Arbeit umzumünzen. So entstand in jenen Tagen dort die sogenannte Grenzland-Bewegung. Dies war eine lose Vereinigung von Christen aus vielen Städten und Dörfern im Berührungsbereich von Schottland und England mit dem Ziel der gegenseitigen Stärkung in Glaube und Lehre, um wirkungsvoller in der eigenen Nachbarschaft evangelisieren zu können. An nahezu jedem Samstag wurde irgendwo eine Bibelkonferenz anberaumt, immer wieder an einem anderen Ort, und zwar mit herausragenden Bibellehrern wie Dr. Graham Scroggie, Reverend John McNeil – der mit dem Evangelisten Dwight Lyman Moody zusammengearbeitet hatte – und Evangelist Jock Troop. Sie alle wurden in jenen Tagen von Gott gebraucht, um viel Segen in das Grenzland zu bringen. Große Zuhörerscharen hörten ihre tiefgehenden, zurechtbringenden Botschaften.

Hyde Park und Areopag

Auf dem Herzen von Jimmy jedoch lag unverändert eine große Bürde für die Hauptstadt des British Empire. Und als ihm die innere Last zu schwer wurde, setzte er sich in einen Langstreckenbus und fuhr nach London. Dort war er nie zuvor gewesen. Als er in der endlosen Wüste aus Gebäuden, Straßen, Gleisstrecken, Untergrundbahnen und Wasserläufen eintraf, kannte er nicht einen einzigen Menschen und hatte nur noch einen Shilling in der Tasche. Er wußte nur das eine, daß Gott ihn gerufen hatte, in dieser Stadt zu evangelisieren. Jimmy sagte dem Busschaffner, er möge ihn in der Nähe des Hyde Parks aussteigen lassen. Dieser weltberühmte Platz schien ihm der beste Ort zu sein, um seine Arbeit zu beginnen. Dann aber erschrak er doch ein wenig vor den ungewohnt großen Massen, die sich stellenweise zusammendrängten, um diesen und jenen Sprecher zu hören. Beim Anblick der gesamten Szenerie wurde Jimmy an das 17. Kapitel der Apostelgeschichte erinnert, in dem darüber berichtet wird, wie Paulus in der griechischen Hauptstadt Athen den Areopag, den Hügel des Kriegsgottes Mars, betritt und sein Begleiter Lukas dazu notierte: »Alle Athener aber und die Fremden, die sich da aufhielten, brachten ihre Zeit mit nichts anderem zu, als etwas Neues zu sagen und zu hören.«

Weisheiten von der Holzkiste herab

Im Hyde Park ist es ein normales Bild, bis zu 40 verschiedene Menschen zu sehen, die jeder auf einer Holzkiste, einem alten Stuhl oder einer wackeligen Treppenleiter stehen und 40 verschiedene Themen anbieten. Man findet Zweifler und Kritiksüchtige, die schlicht gegen alles sind und ausschließlich Schwarzmalerei betreiben, politische Redekünstler, die für jede Krisenlage auf der Welt ein umwerfendes Patentrezept anzupreisen haben, sowie alle möglichen brillanten Verteidiger irgendeines Themas unter der Sonne. Im Hyde Park treffen sich zu jeder Tages- und Nachtzeit irgendwelche Menschen, die denen zuhören, die meinen, irgend etwas zu sagen zu haben über irgendein Thema, das man sich ausdenken kann. In vielen Fällen fängt die Menge an, mit dem Sprecher zu diskutieren. Man wechselt witzige Bemerkungen, veräppelt sich gegenseitig. Wer die größte Schlagfertigkeit beweist und die meisten Lacher auf seiner Seite hat, gilt als der Sieger. Manchmal gibt es auch Unhöflichkeiten und Streit, und der Redner weist bissige Zwischenrufe streitsüchtig zurück. Kurz bevor es dann zu Lärm und Handgemenge kommt, schreitet die Polizei ein und treibt die erregte Menge auseinander.

Mit dem Gospelstab voran

Ziemlich bald entdeckte Jimmy unter den vielen Rednern einen Evangeliumsprediger, dem auch sehr viele Menschen friedlich zuhörten. Er stellte sich zwischen die vordersten der Passanten, nahm seinen Koffer zwischen die Beine, so daß er nicht gestohlen werden konnte, stellte seinen Gospelstab auf den Boden und zog seine Rollos mit den evangelistischen Darstellungen herunter. Er konnte es kaum erwarten, daß der Prediger endete. Dann rief Jimmy: »Mein Herr! Hätten Sie die Freundlichkeit, mich mein Zeugnis sehen zu lassen?« Niemand antwortete ihm. Ein anderer Prediger machte Fortsetzung. Doch da schob sich ein anderer Mann seitlich an Jimmy heran und fragte ihn, wer er denn sei. Man wollte sichergehen, daß der Jugendliche dort auch wirklich das Evangelium predigen würde.

Herzlichkeit und Gastfreundschaft

Im kurzen, leisen Gespräch fand Jimmy heraus, daß es sich hier um eine Freiversammlung handelte, die von den Evangelisten der Londoner Stadtmission veranstaltet wurde. Nachdem sie Jimmys Ausweis angeschaut und erfahren hatten, daß er selber Evangelist war, gaben sie bekannt, daß nunmehr ein junger Mann von Schottland predigen würde. Dies war für Jimmy Stewart der Beginn einer wunderbaren, gesegneten Zeit der Freiversammlungsarbeit in der Londoner City. Gottes Beantwortung der Gebete des Jungen bestand zudem darin, daß einer der Missionare ihn mit zu sich einlud. Insgesamt nahmen die älteren Brüder den jungen Mitstreiter mit großer Herzlichkeit und Liebe in ihre Reihen auf und erwiesen ihm eine großartige Gastfreundschaft.

». . . wie Schafe, die keinen Hirten haben«

Die erste Woche, die er in der großen Stadt verbrachte, blieb Jimmy Zeit seines Lebens im Gedächtnis haften. Er konnte nicht schlafen. Nachts weinte er stundenlang um die ungezählten verlorenen Seelen. Auch wenn er draußen zu den Menschen predigte, brach er immer wieder in Tränen aus. Einem Missionar, der ihn deshalb brüderlich ansprach, erklärte Jimmy: »Weißt du, das sind hier die größten Menschenmengen, die ich je gesehen habe und die alle in die Hölle gehen . . .« Mit besonderer Eindrücklichkeit stand in jenen ersten Tagen in London immer wieder vor seinem inneren Auge das Wort: ». . . verschmachtet wie die Schafe, die keinen Hirten haben.« Jimmy mußte Gott bitten, er möge ihm helfen, seine Gefühle zu kontrollieren. Und Gott half ihm dabei. Der gerade 19 Jahre alte Straßenevangelist wurde ruhiger und fester in seiner Rede – nur seinen schottischen Akzent, der in London besonders stark auffiel, konnte er nicht verbergen.

Zwischenrufe und scharfe Wortgefechte

Dies machte ihm den Dienst nicht leichter, vor allem von dem Tage an, als die Evangelisten der Stadtmission ihn mit auf die Tower Bridge nahmen. Hier predigte Jimmy fortan am Vormittag und manchmal auch nachmittags. Abends ging er dann mit in den Hyde Park. Bald fiel Jimmy auf, daß das Publikum in der Weltstadt schnoddriger und mit bösartigen Zwischenrufen schneller bei der Hand war. Seine breite schottische Aussprache machte den Jungen immer wieder zur Zielscheibe ihres Gelächters und triefenden Spottes. »Warum gehst du nicht zurück nach Schottland, Bübchen?« fragte einer und alles lachte. »Weshalb gehst du nicht zurück zu Mami?« Andere aus der Menge ärgerten sich und riefen ihm zu: »Sei still und gib dem Jungen eine Chance!« Nach einer Weile meldete sich ein Schüler mit Milchgesicht: »Scottie, glaubst du, daß der Wal den Jona verschluckt hat?« Jimmy antwortete: »Natürlich glaube ich das!« Röhrendes Gelächter von allen Seiten und Kommentare wie: »Der spinnt total!« »Wenn du es nicht glaubst«, rief Jimmy, »ist es nicht meine Schuld. Aber ich sage dir, was ich tun werde. Wenn ich in den Himmel komme, werde ich den Jona fragen!« Lachend wollten die Leute von ihm wissen: »Und wenn er nicht da ist, was dann?« Jimmy: »Gut, dann könnt ihr ihn ja fragen!«

»Wer Kains Frau war? Frau Kain natürlich!«

Das beruhigte sie für eine Zeit. Dann schossen sie sich wieder mit ihren Fragen auf den jugendlichen Evangelisten ein. Sie betrieben das wie einen lustigen Sport. Ab und zu mußte Jimmy kommandieren: »Bitte nicht alle zusammen! Einer nach dem anderen!« Und schon ging es weiter: »Wo hatte Kain seine Frau her bekommen?« »Ha, jetzt weiß ich, was mit dir nicht in Ordnung ist«, gab Jimmy zurück, »du bist an der Frau eines anderen interessiert. Wenn du nicht gut aufpaßt, kommst du in Schwierigkeiten. Ist Kains Frau wirklich dein Problem? Ja? Ist dies der Grund, weshalb du nicht zu Christus kommen willst?« Der Zwischenrufer war ein wenig blaß geworden und wußte im ersten Augenblick nichts mehr zu antworten. Jimmy hakte sofort nach:

»Wenn ich dir erzähle, wer Kains Frau war, wirst du dich dann bekehren? Wirst du Christus als deinen Herrn annehmen? Wirst du aus der Menge heraustreten und dich vor Gott beugen und ihn bitten, daß er deine Seele rettet?« »Ja«, rief der Mann. »Gut, dann sage ich dir, wer Kains Frau war. Frau Kain natürlich!« Nun forderte er den Mann und die anderen auf: »Würden Sie bitte nach vorne kommen?« Aber niemand machte Anstalten, der Einladung nachzukommen. Sie wollten lieber argumentieren und debattieren. Nirgendwo zuvor hatte Jimmy das Predigen so schwer gefunden wie hier in London . . . Und wieder wurde er an Paulus auf dem Areopag erinnert: ». . . als sie aber von Toten-Auferstehung hörten, spotteten die einen, die anderen aber sprachen: Wir wollen dich darüber nochmals hören.« Doch da war noch ein starkes Trostwort angehängt, an das Jimmy sich schließlich festklammerte: »Einige Männer aber schlossen sich ihm an und glaubten, unter denen auch Dionysius war, der Areopagit, und eine Frau mit Namen Damaris und andere mit ihnen.«

Der Oberfreidenker von London

Glaubenszeugnisse zum Lob des Namens Jesu Christi haben manchmal kleine oder auch größere Kettenreaktionen. An einem Tag predigte Jimmy Stewart in London auf dem Tower Hill. Um ihn drängten sich einige hundert Männer, die aufmerksam zuhörten und sich ausnahmsweise einmal nicht aufs Zwischenrufen und Fragen verlegt hatten. Laufend kamen neue Passanten hinzu, die sich der großen Menschentraube anschlossen. Dann tauchte auch ein Bobby auf, der ein paar mal um die Menge herumstrich und seine suchenden Augen über sie schweifen ließ, dann aber seines Weges ging. Jimmy bemerkte dies, während er predigte, und dachte sich nichts dabei. Er wußte nicht, daß sich unter seinen Zuhörern ein Mann befand, der wenige Minuten zuvor noch vor diesem Polizeibeamten fortgelaufen war.

Selbstmordkandidat nicht erwischt

Der geflüchtete Mann hatte am Morgen des Tages seinen Kindern schweigend einen Abschiedskuß gegeben, sein Haus in aller Stille verlassen und den Weg zur Themse eingeschlagen. Er hatte vor, seinem Leben durch einen Sprung von der Tower-Brücke ein Ende zu machen. Das ließ sich aber wegen der Bauweise der Brücke nicht gut machen, und so ging er ein Stück weiter zum Ufer des Flusses. Als er hier mit verfinsterter Miene hin und her wanderte und noch zögerte, ob und wann er sich in die Fluten der Themse werfen wollte, wurde er von einem Bobby beobachtet. Der war einer von den Beamten, die einen geübten Blick für Selbstmordkandidaten haben, und machte sich forschen Schrittes an den so völlig verzweifelt und zerknirscht dreinblickenden Mitbürger heran.

Das grösste Wunder

Der lebensmüde Mann bemerkte jedoch zu früh, daß da jemand auf ihn zu kam, der ihn von der geplanten Tat abhalten wollte, und machte sich aus dem Staube. Der Bobby legte einen Schritt zu und sauste hinter ihm her. Der Flüchtige verschwand gerade um eine Straßenecke, und als der Beamte ebenfalls die Ecke nahm, stand er unvermittelt vor einer Menge von vielen Männern, die einem erstaunlich jugendlichen Straßenprediger zuhörten. Die Menge stand und lauschte gebannt, niemand darin rührte sich. Der fortgelaufene Mann mußte sich dazwischengemischt haben und rührte sich auch nicht. »Das Zeitalter der Wunder ist noch nicht vorbei«, hörten sie den jungen Evangelisten sagen. »Das größte Wunder, das Jesus getan hat, ist nicht, daß Jesus einem Blinden das Augenlicht gab oder andere Kranke heilte oder gar einen Toten auferweckte. Das größte Wunder ist immer noch das, wenn eine Seele vom ewigen Tod zum ewigen Leben findet – das Wunder der Errettung!« Der Bobby suchte noch eine Weile lang, konnte seinen Flüchtling aber in der Menge nicht mehr finden, und zog dann weiter.

»Gott kann dich retten«

Der Flüchtling jedoch stand zwischen den vielen anderen Männern und schloß die Augen. Was da in seine Ohren und sein Herz drang, war Balsam für seine kranke Seele. »Gott kann dich retten, egal wie tief du auch in Sünde gefallen sein magst!« Der lebensmüde Mann holte tief Luft und nahm nichts anderes mehr um sich her wahr als nur die Stimme des jugendlichen Predigers: »Niemand ist zu weit fortgelaufen, als daß mein gepriesener Herr Jesus ihn nicht erreichen könnte. Jesus ist die Lösung aller Probleme dieser Welt! Jesus ist die Lösung auch aller deiner Nöte und Schwierigkeiten! Du magst im Augenblick viele Nöte haben. Aber deine größte Not ist, daß du einen Heiland brauchst! Die allmächtigen Arme des Herrn Christus reichen bis hier unten auf die Erde und können dich erretten!«

Zeugnis eines Überlebenden

Am gleichen Tag der nächsten Woche stand Jimmy wieder auf demselben Platz auf dem Tower Hill, um die Botschaft der Bibel zu sagen. Da wurde er in seiner Predigt unterbrochen, weil ein Mann aus der Menge nach vorne trat und höflich bat, zu Wort kommen zu dürfen. Er gab einen knappen, sachlichen Bericht über das Geschehen vor einer Woche und schloß mit den Worten: »Wenn dieser junge schottische Prediger hier nicht gestanden hätte, dann stünde ich heute wohl nicht mehr vor Ihnen. Aber anstatt daß ich Selbstmord beging, habe ich mein Elend bei Jesus Christus abgegeben und bekam Frieden in mein Herz. Ich ging dann zu meiner Frau zurück, gestand ihr meine Selbstmordabsichten und meine Bekehrung, und sie nahm auch Jesus Christus als ihren Heiland an. Seit dem Tage halten wir auch jeden Morgen gemeinsam Andacht über der Bibel. Dies mußte ich Ihnen heute weitersagen. Danke, daß Sie mir zugehört haben!«

Aufmerksamer Bischof

Jimmys Gesicht strahlte vor Freude, als er dem neu gewonnenen Bruder in Christo die Hand schütteln durfte und dann weiterpredigte. Was sowohl er als auch der Neubekehrte nicht wußten, war die Tatsache, daß an eben diesem Vormittag unter den gespannt zuhörenden Männern auch der Bischof von London stand. Der gebrauchte später genau diese Geschichte in vielen Predigten und Ansprachen, um anhand eines praktischen Beispiels mit Nachdruck die Kraft des Evangeliums hervorzuheben.

Angriffe auf dem Tower Hill

Die größte Siegestrophäe, die Gott den Freiversammlungsmissionaren in London im Kampf gegen Sünde und Unglaube schenkte, war ein besonderer Ungläubiger: Dieser öffentlich auftretende Freidenker war der Vorsitzende der Londoner Atheistenvereinigung. Er hatte sich auf dem Tower Hill eine wuchtige Steinmauer ausgesucht, auf die er hinaufstieg, um von oben herab den Mitbürgern das Freidenkertum zu predigen. Auch er tat seinen unter der Führung Satans stehenden »Dienst« mit ziemlicher Regelmäßigkeit, und zwar in zu enger Sicht- und Hörweite zu dem jungen Freiversammlungsprediger Jimmy Stewart. Und so kam es nicht selten vor, daß jener vornehm in Mantel und Melone gekleidete Herr mit seinem Krückstock auf Jimmy und seine Zuhörer zielte und herüberdröhnte: »Schaut euch all die leichtgläubigen Leute an, die diesen Unsinn glauben!«

Stets in Sicht- und Hörweite

Der Oberfreidenker ließ in seinen Vorträgen ein hohes Maß an Allgemeinbildung und literarischer Kenntnis auf die Zuhörer los. Er zitierte vor allem laufend Autoren wie Charles Bradlaw und Thomas Paine und verwandte besonders viele Worte darauf, seinem Publikum immer wieder das einzuhämmern, was er angeblich als »Fehler in der Bibel« erkannt haben wollte. Jimmy fürchtete sich nicht vor dem Mann, denn er selbst hatte vier Jahre zuvor, als er noch 15 gewesen war, von einem nordenglischen Prediger die Grundlagen rhetorischer Schulung beigebracht bekommen. Und auch sonst war er durch die vielen öffentlichen Einsätze mit seiner Redegewandtheit einigermaßen gut in Übung. Doch der Atheistenhäuptling von London machte ihm das Leben auf noch andere Weise schwer. Durchweg hatte der Freidenker weniger Zuhörer als Jimmy. Jener zog daraus wohl die Schlußfolgerung, daß der kleine Frömmler sicherlich den besseren Standplatz eingenommen habe, und so geschah es immer öfter, daß Jimmy zu »seiner« Straßenecke auf dem Tower Hill kam und der Oberatheist den Platz bereits besetzt und mit seinen beißend spöttischen Vorträgen schon begonnen hatte. Jimmy mußte sich dann einen anderen Standplatz suchen. Aber auch er achtete darauf, daß er in Sicht- und Hörweite des Gegners blieb.

Attacken zwischen »David und Goliath«

So begann auf dem Tower Hill eine heftige öffentliche Debatte zwischen dem »kleinen David« und dem »mächtigen Goliath«. Die Situation wurde für Jimmy noch schwieriger, als Polizeibeamte aus verkehrstechnischen Gründen nur noch eine Freiversammlung an dieser Straßenecke zuließen und nur der, der zuerst anwesend war und mit seiner Predigt begonnen hatte, weitermachen durfte. So nahm Jimmy immer öfter die Rolle des Zuhörers ein und spezialisierte sich darauf, dem Freidenker gezielte Fangfragen zu stellen: »Woher wissen Sie, daß es keinen Gott gibt? Wie wollen Sie denn beweisen, daß mit dem Tode alles aus ist?« Die darauf folgenden Gedankengänge des Redners riefen unter den Zuhörern manches Gelächter hervor, weil er nur noch mit völlig abstrakten Thesen um sich warf. Jimmy: »Das gab wohl nicht viel her! Und Ihnen sollen wir glauben, daß die Bibel nicht stimmt?«

Spontane Prophetie

Der Atheistenführer strengte sich mit jedem öffentlichen Auftritt mehr an und legte ein stets höheres Maß an Lautstärke und Pathos in seine Reden. Als der Mann wieder einmal mit vielerlei Argumentation und phantasiereichen Wortwendungen zu beweisen versucht hatte, daß das Sterben das Ende aller Dinge sei, schrie Jimmy ihm entgegen: »Wenn Sie sterben, dann sterben Sie wie ein Hund! Und dieser Tod beendet dann alles?« An einem anderen Tag rief Jimmy, indem er sich der Zuhörerschaft zuwandte, mitten in die Rede des Atheisten hinein: »Seht ihr diesen Herrn hier? Eines Tages wird er durch die Kraft Gottes auf diesem selben Platz stehen und euch das Evangelium vom Herrn Jesus predigen!« Die Menge brach in schallendes Gelächter aus, der Redner lachte ebenfalls mit. Sie alle wußten nicht, daß die Freiversammlungsmissionare längst an nahezu alle Pastoren und Gemeinden im Lande Botschaften gesandt hatten mit der eindringlichen Bitte, für eben diesen Vorsitzenden der Londoner Atheistenvereinigung zu beten.

»Seit wann glauben Sie an die Hölle?«

Einige Wochen später, nachdem Jimmy unbefangen seine Prophezeiung gemacht hatte, entdeckten er und seine Glaubensbrüder überrascht, daß jener Mann seit vier Tagen nicht in der Öffentlichkeit erschienen war. Sie stellten Erkundigungen an und suchten ihn quer durch ganz London, bis sie seine Adresse in einem Armenviertel ausfindig gemacht hatten. Einige entschiedene Seelengewinner suchten das Haus auf, hielten draußen vor der Tür noch eine kurze Gebetsgemeinschaft und traten dann in die Wohnung des Mannes ein. Sie entdeckten, daß er krank war und im Bett lag. Als er sie sah, fluchte und tobte er und schrie: »Versucht ja nicht, in mein Zimmer zu kommen! Geht zur Hölle!« »Zur Hölle gehen?« fragten sie zurück. »Seit wann glauben Sie an die Hölle? Schicken Sie uns doch bitte an einen Ort, an den Sie glauben . . .«

Dann aber glaubte er an den Himmel

Die Christen zogen unverrichteter Dinge wieder ab. Aber überall in Großbritannien wurde weiter intensiv für diesen kranken Mann gebetet. So gab Gott ihm auf seinem Krankenlager andere Gedanken und vor allem ein immer schwerer werdendes Bewußtsein seiner Sünde. Als er an die Schwelle des Todes geriet, bekam er unüberwindliche Angst vor dem Sterben. Da vermochte er seiner eigenen Behauptung, daß mit dem Tode ja doch alles aus sei, selber nicht mehr zu glauben. Bekannt wurden diese seine Nöte dadurch, daß er selber sie später auf »seiner« Straßenecke auf dem Tower Hill allen Menschen erzählte, nachdem er sich zu

Jesus Christus bekehrt hatte und ein Verkündiger des Evangeliums geworden war. Nach seiner inneren Umkehr hatte Gott ihm seine Gesundheit zurückgegeben und ihn vom Krankenbett erhoben. Und jetzt stand er wieder fast jeden Tag am Tower Hill auf der großen Steinmauer und bezeugte die Errettung seiner Seele durch Jesus Christus. Immer größere Menschenmengen sammelten sich an, um dieses bekannte Londoner Original zu hören, wie er den Glauben predigte, den er einst zu zerstören versucht hatte. In der Menge standen an einem Morgen mehrere Freiversammlungsmissionare mit leuchtenden Augen und Herzen voller Dankbarkeit. Einer von ihnen drehte sich zu Jimmy und flüsterte ihm ins Ohr: »O Bruder – ein Anblick, der die Engel im Himmel zum Weinen bringt . . . Halleluja!«

Geheimwörtchen in Soho

Dann und wann ließ Jimmy seine Augen in der Presse über die Sportmeldungen fliegen, wobei er mehrfach registrierte, daß seine früheren Schul- und Fußballkameraden aus Glasgow zum Teil zu berühmten Spielern aufgestiegen waren. Einige gehörten sogar bereits zur Nationalmannschaft. Zuweilen kam dann eine andere Stimme in ihm hoch: »Du würdest jetzt auch dazugehören, wenn du dabeigeblieben wärest . . . Aber du hast dich ja selber um den ganzen Ruhm gebracht!« Doch Jimmy konnte diese Gedanken mit frohem Herzen beiseiteschieben. Bei genauer Betrachtung bereute er es nicht einen Augenblick seines Lebens, auf die Seite Jesu Christi getreten und sein Diener geworden zu sein. Dies war ihm sowieso schon in jungen Jahren klargeworden: Alles zu deutliche Streben nach Rausch und Vergnügen verriet im Grunde einen – zumeist uneingestandenen – Mangel an echtem Lebensinhalt. Und Jimmy wußte nur zu gut, daß es einen einzigen Lebensinhalt gibt, der letztlich keine Wünsche mehr übrig läßt: Jesus Christus. Es liegt alles daran, wie weit sich ein Mensch in die eindeutige Auftragslage des Herrn der Ernte mit gehorsamem Herzen einfügt und dem aus zwei kurzen Silben bestehenden Missionsbefehl Folge leistet: »Geh hin!« Ein junger Bursche wie Jimmy Stewart aus Glasgow kam überhaupt nicht auf den Gedanken an Langeweile oder Trübsalblasen oder Liebeskummer oder Weltuntergangsstimmung oder Revolution – er hatte vielzuviel damit zu tun, den Willen seines Herrn zu erfüllen. Dabei wurde für jeden, der Jimmy kannte, sichtbar, daß er Junge in seinem Leben des Dienstes am Evangelium völlig aufging und glücklich war.

Falsche Suche nach Lebenserfüllung

Wenn ihm vor Gott ein Auftrag klar wurde, fragte er nach nichts mehr, weder nach möglichen Gefahren noch nach irgendwelchen »ernsthaften Bedenken«. Einen solchen Dienst ohne Murren und zweifelnde Überlegungen übernahm er eines Tages auch im berüchtigten Londoner Nachtclub-District Soho, nachdem er erkannt hatte, daß die Menschen, die sich dort vergnügten, in der falschen Richtung nach Lebenserfüllung suchten, und die anderen, die dort »arbeiteten«, insbesondere die Frauen, noch viel ärmer dran waren und sich auf einem Weg der langsamen, aber todsicheren Zerstörung ihres ganzen Lebens befanden. Für diesen Bereich brauchte Jimmy von behördlicher Seite wie auch von seiner Missionsleitung her Genehmigungen, um die er lange und zäh zu kämpfen hatte und die er dann doch erreichte. So stopfte er sich die äußeren und inneren Taschen seiner Jacke voll Traktate und Evangeliumsteile und marschierte nach Soho.

Gorillas vor der Tür

Hier stellte er fest, daß nur wenige Clublokale von Briten geführt wurden. Die meisten standen unter Geschäftsleitung von Chinesen, Indern, Maltesern, Ägyptern, Griechen und Vertretern aller möglichen anderen Nationalitäten. Ganz ähnlich verhielt es sich mit der Kundschaft, die sich in diesen Häusern herumtrieb. Da waren neben zahlreichen Engländern, Schotten und Iren – die alle mehr oder weniger irgendwie heruntergekommen wirkten – auch Männer jeder erdenklichen Hautfarbe und Rasse zu sehen. Durchweg waren sie alle schon zu dem Zeitpunkt, da sie sich noch vor einer der Eingangstüren aufhielten und Einlaß begehrten, mehr oder weniger angetrunken. Nur ganz selten traf Jimmy in Soho einmal einen Menschen an, der ihm halbwegs nüchtern vorkam. Außer den Torhütern dieser Etablissements und Bars. Die waren zumeist hellwach, standen in der Haltung eines Gorillas da und strahlten etwas Bedrohliches aus. Durch ihren Gesichtsausdruck wie auch ihre Bewegungen ließen diese Kraftprotze vom Dienst ständig erkennen, daß sie jederzeit und bei der kleinsten Kleinigkeit nicht zögern würden, härteste körperliche Gewalt einzusetzen.

Bloss nicht entmutigen lassen

Dem kleinen Jimmy wurde recht mulmig ums Herz, als er diese riesigen Kerle, manchmal sogar zwei davon an einer Tür, erblickte. Doch dann besann er sich, daß er im Auftrag des Herrn aller Herren unterwegs war und ohne Gottes Willen niemand imstande sein würde, ihm zu schaden. Und so steuerte er die ersten Eingangstüren an. Dabei suchte er sich zunächst die aus, vor denen gerade niemand stand und die verschlossen waren. Wenn er klopfte oder klingelte, geschah meistens nicht viel. Entweder es rührte sich überhaupt nichts, oder jemand rief von innen irgendetwas Unverständliches durch die Tür und öffnete dabei nicht, oder eine Tür öffnete sich nur einen engen Spalt weit und wurde, nachdem Jimmy sein Anliegen vorzubringen begann, sofort wieder zugeschlagen. Der Junge ließ sich nicht entmutigen und probierte es weiter von Tür zu Tür, bis in einem der Eingänge eine kleine Fensterklappe geöffnet wurde, hinter der sich eine ältere Frau mit glasigen Augen, aufgelöstem Haar und verrauchter Stimmte meldete: »Na, Kleiner? Wer . . . wer . . . wer . . . hat dir denn . . .« Sie unterbrach ihr Lallen, der Kopf fiel vornüber. Dann richtete sie sich wieder auf, atmete tief ein, wobei ein deutliches Rasseln hörbar wurde, und fragte den jungen Mann mit sichtbarer Anstrengung: »Wer . . . wer hat dir denn unser Gemeinwörtchen geflüstert?«

Rüde Reaktionen

Jimmy hakte höflich nach und erfuhr in diesem Gespräch, daß in jegliches der zweifelhaften Häuser von Soho nur Einlaß zu finden sei, wenn man das geheime Losungswort entweder durch die Tür oder dem draußen stehenden Portier sagen könne. Und jedes Haus habe seine eigene Parole. So suchte Jimmy zunächst mit allen möglichen Typen auf der Straße das Gespräch, und da war es nicht schwer, die einzelnen Losungswörter zu erfahren, die er allesamt im Kopf behielt. Auf diese Weise erreichte Jimmy, daß ihm wenigstens einmal die Türen der Häuser geöffnet wurden. Aber eingelassen wurde er in längst nicht alle Bars. In den meisten Fällen mußte er gegenüber den die Tür bewachenden Rausschmeißern alle seine Überzeugungskraft einsetzen, bevor die ihn dann doch einließen. Vereinzelt kam es vor, daß man den jungen Evangelisten, der in den Schankstuben und Kontaktsälen seine Schriften verteilte und manchmal auch Gespräche führte, ziemlich schnell und sehr rüde wieder hinauswarf.

Menschen ohne Heimat und Obdach

Die rechte Uhrzeit, diesen Dienst zu beginnen, war Mitternacht. Der Einsatz dauerte jedesmal bis in den Morgen. Nicht selten blieb Jimmy, wenn man ihm nirgends Einlaß gewährte, vor einem der Häuser bis zu den frühen Morgenstunden stehen, um die Männer anzusprechen und mit Literatur zu versorgen, wenn sie herauskamen und sich auf den Heimweg machten. Ob sie überhaupt ein Heim hatten? Menschen ohne Heimat und Obdach gab es in London überrall in unzähliger Menge. Es gab so gut wie keinen Stadtteil, in dem man diese armen, entwurzelten, auf der Straße liegenden, zum Müllhaufen der Menschheit gehörenden Wesen nicht antraf. Vor allem wenn Jimmy morgens nach Hause ging, fand er diese menschlichen Wracks auf Parkbänken, in Alleen und Gäßchen oder auch in Hauseingängen, durchweg Plätze, wo sie nicht von der Polizei aufgestöbert wurden. Bevorzugte Stellen waren das Ufer der Themse oder dunkle Orte unter Eisenbahnbrücken.

Herz-zu-Herz-Gespräche am Themseufer

Morgens gegen 2 Uhr pflegte Jimmy ans Themseufer zu gehen, wenn sich die einsamen Männer unter Zeitungen und unvorstellbar schmutzigen alten Decken zur Ruhe gelegt hatten. Er brachte ihnen jedesmal ein wenig zu essen mit und kam dabei mit manchem in ein Gespräch von Herz zu Herz, wobei er nie versäumte, diesen Menschen die Möglichkeit der Errettung und eines neuen Lebens in Jesus Christus zu zeigen. Sichtbare Frucht erlebte Jimmy in dieser nächtlichen Arbeit so gut wie nie. Doch er ließ sich nicht entmutigen und setzte den Dienst fort, weil er um die biblische Verheißung wußte: »Die mit Tränen säen, werden mit Freuden ernten. Sie gehen hin und weinen und tragen edlen Samen, und kommen mit Freuden und bringen ihre Garben.« Eines Tages jedoch zeichnete sich für Jimmy der Weg in eine neue Arbeit ab. In Gottes Plan schien es für den jungen Schotten genug zu sein mit dem Lärm und der Aufregung in den Menschenmassen der Weltstadt London, wo er sich oftmals zwischen all den vorbeibrausenden Autos und Omnibussen mit seinen Gospeltexten kaum bewegen konnte. Zu dem folgenden Ruf in ein neues Missionsfeld fand Jimmy manche Parallele in der Apostelgeschichte.

In der Glaubensschule von Pastor White

Viele Monate vorher hatte Jimmy während einer Rennwoche draußen in Doncaster einen sehr liebenswerten Glaubensbruder kennengelernt: Pastor White. Dieser Baptistenprediger unterhielt ein Waisenhaus irgendwo in London. Während Jimmy in London lebte, wurde ihm innerlich klar, daß er sich mit Pastor White in Verbindung setzen sollte. Nach vielen Erkundigungen bekam er heraus, daß er im Vorort Woodford zu finden war. Als er dort ankam und an der Tür die Glocke zog, ahnte er noch nicht, welche Überraschungen seiner harrten. Vor ihm stand plötzlich die Vorsteherin des Hauses. Jimmy fragte sie nach Mr. White. Sie bat ihn herein ins Wohnzimmer und schaute ihn etwas kritisch von oben bis unten an. Spätestens als die Oberin ihn fragte, warum er denn Mr. White sehen wolle, dämmerte es dem Jungen. Er schaute ebenfalls an sich herunter und bemerkte, daß er ein wenig abgerissen aussah. Er hatte keinen Penny Einkommen und sich monatelang bei lieben Gastgebern unter Londons Christen durchgefuttert. Die Mutter war weit weg in Glasgow – und so wußte Jimmy sich plötzlich zu erklären, weshalb die Hausvorsteherin ihn so zurückhaltend gemustert hatte.

Überraschungen am laufenden Band

Als er sich dann vorstellte und seinen Namen nannte, wechselte ihr Gesichtsausdruck sofort in freudige Überraschung über: »O, du bist James Stewart? Warum hat Pastor White gerade gestern in der Kapelle den Kindern verkündet, daß ein jugendlicher Prediger aus Schottland, den er beim Rennen in Doncaster getroffen hat, zu uns kommen würde, um mit ihm zusammen zu evangelisieren?« Kopfschüttelnd ging sie los, um Pastor White zu holen. Auf dem Gesicht des Mannes lag ein triumphierender Ausdruck, als er mit einem lauten »Halleluja!« in den Raum platzte. »Jimmy! Ich wußte, daß der Herr dich senden würde! Ich habe gebetet, daß Gott dich anrühren und hierher schicken möge – aber ich wußte nicht, wie ich mit dir in Kontakt hätte kommen können.« Dieser Pastor war für den Jungprediger aus Schottland eine von Gott verordnete neue Schule auf zwei Beinen: ein Christ wie eine Leuchtboje – immer obenauf und mit einem hellen Lichtschein, immer mit einem Halleluja im Herzen und auf den Lippen. So etwas wie Sorgen schien dieser Mensch überhaupt nicht zu kennen. Jimmy kam bei ihm zeitweise aus dem Staunen nicht mehr heraus. Denn dieser Mann trug die Verantwortung für über hundert bedürftige Kinder, die mit Nahrung und Kleidung versorgt werden mußten – ausschließlich von Spenden.

Georg Müller als grosses Vorbild

Als junger Mann hatte White im Geschäftsleben der Londoner Innenstadt bereits eine herausragende Rolle gespielt, und viele hatten ihm einmalige Aufstiegschancen vorausgesagt. Aber Gott hatte andere Pläne mit ihm und rief ihn in den Dienst in einem Glaubenswerk unter Waisen. Als Pastor White dieses Werk in seine Hände nahm, orientierte er sich bewußt nicht mehr an geschäftsmännischen Gesichtspunkten, von denen er doch so viel verstand, sondern er nahm sich Georg Müller, den berühmten Waisenhaus-Vater von Bristol, zum Vorbild und hielt es mit der Frage nach dem Geld wie er: Niemals sammelte er Geld oder bat Menschen auch nur um einen Penny – dafür waren die Berichte, die er von seinen Gebetserhörungen geben konnte, umwerfend. Jimmy hörte in der ersten Zeit seiner Mitarbeit bei Pastor White mit vor Staunen geöffnetem Mund zu, wie der liebe Bruder ihm stundenlang die wunderbarsten Dinge erzählte, die Gott für die Waisenkinder und das gesamte Werk getan hatte.

»Halleluja! Gott hat gehandelt!«

Jimmy erlebte mehrere Fälle, wie Pastor White zu irgendeiner Tageszeit zu ihm ins Zimmer hereinplatzte, mit den Augen in der Luft herumfuchtelte und rief: »Halleluja! Gott hat es wieder getan! Gott hat gehandelt!« Da war wieder einmal, und zwar aus einer garantiert unerwarteten Richtung, eine große Spende eingegangen, die die Versorgung sämtlicher Waisen und Mitarbeiter für die nächste Zeit sicherstellte. Und so falteten Pastor White und Jimmy die Hände, um gemeinsam Gott Lob und Dank zu bringen. Das war es, was der erst 19jährige Jungmissionar speziell bei diesem Baptistenpastor zu lernen hatte: Gott ist eine ganze Realität, mit der zu jeder Zeit und in jeder Angelegenheit zu rechnen ist – und Gott ist ein Gott der Liebe, in dessen Gegenwart das Herz froh ist.

Gebetserhörungen eine gewaltige Herausforderung

In vielen Kirchen Londons, nicht nur den baptistischen, war Pastor White ein begehrter Verkündiger. Insbesondere seine Berichte über die Gebetserhörungen bedeuteten für die Menschen eine gewaltige Herausforderung. Jimmy erlebte das alles innerhalb des Werks hautnah mit. Immer wenn White still und nachdenklich war und dann auch stundenlang in seinem Arbeitszimmer mit der Bibel in der Hand auf den Knien lag, wußte sein junger Mitarbeiter, daß er vor das Angesicht seines himmlischen Vaters getreten war, um ihn um etwas Großes zu ersuchen. Manchmal ging an solchen Tagen das Licht im Büro des Hauses nicht vor 2 Uhr in der Frühe aus. Pastor White war ein großer Seelengewinner. Und wenn er, bevor er zum Predigen hinausging, um die Errettung von Seelen weinte, fühlte Jimmy sich an Dwight Lyman Moody erinnert. Wenn er dann draußen irgendwo auf einer Kanzel oder einem Rednerpult stand und sein ganzes Temperament in die Verkündigung des Wortes Gottes legte, wobei er viel Lautstärke und Bewegung an den Tag legte, erinnerte er an Billy Bray, den schreienden Methodisten aus Cornwall.

In heiligen Augenblicken mit dem Herrn allein

Wenn die beiden dann einmal durch Londons belebte Straßen gingen, konnte es passieren, daß Pastor White seinem Mitarbeiter ins Ohr flüsterte: »Jimmy, ich kann es nicht mehr aushalten, laß uns dort drüben auf den Friedhof gehen und den Herrn preisen!« In solchen heiligen Augenblicken ließ Jimmy ihn mit dem Herrn allein. Dann ging Pastor White umher mit offenen Augen, zum Himmel erhobenen Händen und der Herrlichkeit Gottes auf seinem Angesicht. Zu seltenen Anlässen wurde Jimmy auch in Pastor Whites Arbeitszimmer eingeladen, um zusammen mit ihm für ein größeres Anliegen des Waisenhauses zu beten. Er neigte sich leise, betete anhaltend und inbrünstig, bis dann irgendwann der Punkt kam, an dem er zum Himmel aufschaute und plötzlich mit dem ganzen Körper emporschnellte. Kurz darauf gab er dann in der Kapelle vor allen Kindern und Mitarbeitern seelenruhig und im Ton der größten Selbstverständlichkeit bekannt, daß dem Hause die Schätze ausgegangen seien und Gott in einigen Minuten genügend Essen und Kleidung, deren sie bedurften, vorbeisenden würde. Gott enttäuschte seinen Knecht wie auch die wartenden Waisenkinder nie. Jimmy konnte nie herausfinden, wobei sich Pastor White mehr freute, beim Warten auf die übernatürliche Gebetserhörung oder dann, wenn die Gebetserhörung geschah.

Dies war Spurgeons Land

Nach einiger Zeit wurde es für Pastor White zu einem Gebetsanliegen, daß Jimmy mit einem Evangeliumswagen hinaus in die ärmlichen Dörfer von Essex gesandt werden sollte. Gott erhörte die Gebete, und für Jimmy war es eine besondere Freude, in diesen Dörfern evangelisieren zu dürfen. Der Bereich war für Jimmy heiliges Land, denn dies war Spurgeons Land. Hier durfte er auch in derselben Kapelle predigen, in der einst ein David Livingston eine Probepredigt gehalten, in seiner Aufregung völlig konfus geworden war und den Kopf verloren hatte, aus dem Gebäude gerannt war und nach London ging, um sich voller Resignation bei seiner Missionsgesellschaft abzumelden – und wie hatte Gott diesen Mann, der dann später doch noch als Missionskandidat angenommen worden war, noch machtvoll gebrauchen können!

Schmiedeamboss als Kanzel hergerichtet

Obwohl Jimmy allein arbeitete, erlebte er in jenen armen Dörfern doch immer wieder die große Freude, daß viele Seelen gerettet wurden. Hier lernte er auch, zu improvisieren und sich in jeglicher Situation zurechtzufinden. Nicht selten war der Versammlungsraum, in dem er zu predigen hatte, eine Schmiedewerkstatt, in der man den Amboß als Kanzel hergerichtet hatte. Vor allem aber dankte Jimmy dem Herrn dafür, daß er zu Pastor White geführt worden war. Dieser liebe Mann führte ihn in ein ganzes Leben des Glaubens ein und lehrte ihn, blindlings auf Gott zu vertrauen und nie auf die Umstände zu schauen. Einer der bevorzugten Aussprüche von Pastor White, den Jimmy und andere Brüder immer wieder einmal zu hören bekamen, war der: »Werde froh, Bruder – schau empor, Bruder – Gott ist auf dem Thron!«

Gott liess Kleidung nach Mass anliefern

Als die Tage des Herbstes sich dem Winter zuneigten und es draußen kälter wurde, kamen die Mitarbeiter zu Pastor White und trugen ihm die Sorgen vor, daß es den Kindern an warmer Kleidung mangele. Pastor White war in dem Augenblick sogleich guter Zuversicht und rief alle Kinder zu einem Gebetstreffen in der Kapelle zusammen. Nach dem Gebet erklärte White ihnen heiter: »Wir haben nun gemeinsam zum Herrn gebetet, damit er uns aus der Not hilft. Oder haben wir das nicht getan? In ganz kurzer Zeit werdet ihr jemand mit einem Auto oder Auslieferungswagen vorfahren sehen, der Kleider für alle Mädchen und dazu Hemden und Hosen für alle Jungen bringen wird. Ihr braucht euch auch nicht um die richtige Größe zu sorgen. Euer himmlischer Vater kennt alle eure Größen.« Genauso lief es dann ab. Eine knappe Viertelstunde später rollte ein Caravan vor, mit dem die Kleidungsstücke gebracht wurden, die vom Herrn erbeten worden waren – ein gläubiger Christ, der etliche Meilen entfernt in der Londoner Innenstadt ein Geschäft unterhielt, war von Gott innerlich gedrängt worden, diese Gaben für die Waisenkinder zu senden. Doch von der gerade bestehenden konkreten Notlage hatte er nichts gewußt.

Seltsamer Seelsorgedienst

Immer wieder kam, ohne daß Pastor White dies gewünscht oder angestrebt hätte, ein seltsamer Seelsorgedienst auf ihn zu: Alle möglichen christlichen Geschäftsleute aus ganz Großbritannien, die ihn persönlich kannten, riefen ihn an und fragten ihn sowohl in persönlichen als auch in geschäftlichen Dingen um seinen Rat. Dabei sprach er niemals von den Anliegen seines Werks oder gar von irgendwelchen Sorgen, sondern widmete sich ausschließlich den Problemen des Anrufers. Das wußten diese Geschäftsleute alle, daß eben die außergewöhnliche Mischung aus seelsorgerlicher Erfahrung einerseits und überdurchschnittlicher Kenntnis wirtschaftlicher und geschäftlicher Zusammenhänge diesen Pastor aus nahezu allen seinen Amtsbrüdern hervorhob und daß er als Ratgeber immer innerlich mit dem Geist Gottes in Verbindung stand und sein Urteil von dort her bestimmen ließ.

Für Probleme allein der Herr zuständig

Aber niemand von ihnen allen erfuhr aus dem Munde von Pastor White oder seiner Mitarbeiter ein Sterbenswörtchen über finanzielle oder sonstige Nöte des Werkes. Das alles wurde ohne

Ausnahme dem lebendigen Gott persönlich vorgelegt. Und Gott ließ die Seinen niemals in Stich. Als die erbetene und in kindlichem Glauben erwartete Kleidersendung eingetroffen war, rief Pastor White vor der ganzen Kinderschar aus: »Halleluja! Was für einen wunderbaren Gott wir doch haben! Er füllt allen unseren Mangel aus!« Beim Hinausgehen auf dem Flur erläuterte er dasselbe noch einmal für Jimmy aus der Sicht eines Reichsgottesarbeiters: »Siehst du, wir brauchen uns tatsächlich um nichts zu sorgen, wenn wir nur hinausgehen und ihm gehorchen. Wir dienen einem herrlichen Gott!«

Der Sänger, der beinahe in Ohnmacht fiel

Daheim in Glasgow las Jimmy in einem christlichen Magazin, daß der Evangeliumssänger William McEwan aus USA für einige Monate nach Großbritannien kommen wolle und noch einige Termine frei habe. McEwan war als Tenor bekanntgeworden durch seine Mitarbeit in der Torrey-Evangelisationsvereinigung, außerdem war er bereits mit dem Evangelisten Dr. Wilbur Chapman um die halbe Welt gereist. Er war der erste Evangeliumssänger, dessen Stimme man auf Schallplatten aufgenommen hatte, und am berühmtesten war seine Wiedergabe des Liedes »Das alt rauhe Kreuz«, die bei der Columbia Recording Company auf einer Schellackplatte erschienen war. Jimmy war sofort Feuer und Flamme für die Möglichkeit, auf den Britischen Inseln neue Wege der Verkündigung mit einem singenden Evangelisten zu gehen. Und da offensichtlich etliches vom Glauben eines Pastor White an ihm hängengeblieben war, telegrafierte Jimmy unverzüglich nach New York und gab bekannt, daß er die Verantwortung für sämtliche McEwan-Auftritte und alle dazugehörenden Veranstaltungen übernehmen wolle.

Jugendlich-sorgloses Management

Einige Briefe wechselten hin und her, dann war Übereinstimmung erreicht. Ein Terminplan lag fest: Die Serie der Veranstaltungen sollte in Nordirland beginnen, da die Bevölkerung von Ulster für ihr besonderes Interesse am Evangelium bekannt war. Jimmy Stewart, ganz von der vertrauenden Unbefangenheit seines Lehrmeisters Pastor White durchdrungen, garantierte dem amerikanischen Sänger für jede Woche die gleiche Summe Geldes, die dieser auch in den USA für den Unterhalt seiner Familie erhielt. Vor lauter jugendlichem Eifer und Tatendrang hielt Jimmy das nicht einmal für einen besonderen Glaubensschritt. Alles was er sah, war die großartige Gelegenheit, mit einem der besten Evangeliumssänger der Welt Veranstaltungen für die Verbreitung des Wortes Gottes durchführen zu können. Gott hatte William McEwans Dienst mächtig gesegnet, so daß er auch schon mit missionarischen Berühmtheiten wie Gypsy Smith sen.

und Dr. Biederwolf unterwegs gewesen war. Ungezählte Seelen waren durch seinen Gesang von der Gnade und Güte Gottes angerührt und zur Umkehr bewegt worden.

Total am Boden zerstört

Als William McEwan an einem frühen Morgen mit dem Schiff in Belfast ankam und plötzlich vor seinem Veranstaltungsmanager und Evangelisten für Großbritannien stand, bekam er den Schock seines Lebens und wurde kreidebleich. Jimmy hatte nämlich in der vorausgegangenen Korrespondenz vergessen, seinem Gast mitzuteilen, daß er gerade erst 20 Jahre jung war und weder einen denominationellen Verband noch eine örtliche Gemeinde noch irgendeinen Missionsbruderrat hinter sich hatte. McEwan konnte zunächst nicht glauben, daß dieser Jüngling derjenige war, mit dem er Briefe ausgetauscht hatte. Der arme Sänger war zunächst total am Boden zerstört. Als er sich ein wenig wieder gefangen hatte, hielt er Jimmy seine gesammelten Sorgen entgegen: »Wie kannst du predigen, da du noch so jung bist? Wie kommst du an das viele Geld, um die großen öffentlichen Hallen zu mieten? Wie werde ich während dieser Monate meine Familie in Amerika unterstützen können? Wie stellst du dir das vor, daß alle die großen Hallen, die du gemietet hast, mit Menschen gefüllt werden sollen?« Jimmy hatte darauf nur die eine Antwort, daß Gott ihm das alles gezeigt und er selber die Gewißheit habe, daß alles gut gehen werde.

Ohne Tricks geht's manchmal wohl nicht

McEwan brauchte drei Tage, bis er den großen Schreck überwunden hatte. In seiner ersten Verzweiflung rief er einen persönlichen Freund an, den er in Glasgow kannte, und fragte ihn, warum ihm denn niemand mitgeteilt habe, daß dieser Jimmy Stewart ein blutjunger Prediger und nicht ein gereifter Evangelist mit dem nötigen öffentlichen Bekanntheitsgrad war. Der Mann am anderen Ende der Leitung kannte Jimmy von Beginn seiner evangelischen Tätigkeit an und hatte die von ihm angekurbelte McEwan-Aktion von vornherein mit allen Konsequenzen überblickt. Ihm war klar gewesen, daß der berühmte Tenor erst gar nicht gekommen wäre, wenn er zu viel über Jimmy Stewart gewußt hätte, und so erklärte der gute Freund dem verstörten Sänger im Laufe des

Telefongesprächs, er habe es so empfunden, daß die gesamte Aktion von Gott sei, und er wolle ihn bitten, er solle nicht versuchen, irgendwie dazwischenzufunken.

Gott gab Kraft und ein fröhliches Herz

Von seinen Vorfahren her hatte McEwan glücklicherweise kein irisches Blut in den Adern, sondern schottisches. Und nach einiger Zeit des Überdenkens sah er dann die heitere Seite der gesamten Situation. Er kam im Jimmys Zimmer, schaute ihn eine Sekunde lang dumm an und brach dann in schallendes Gelächter aus. Von dem Augenblick ab wurden die beiden Freunde. Und Gott belohnte den jugendlichen Glauben des Initiators, indem er große Veranstaltungen schenkte, bei denen Hunderte von Seelen vom Tode zum ewigen Leben durchdringen durften. Bei alledem war es für Jimmy nicht leicht, für den gesamten Ablauf sämtlicher Veranstaltungen verantwortlich zu sein und dabei gleichzeitig zu predigen. Aber Gott gab beiden, Jimmy Stewart und William McEwan, die Kraft und ein fröhliches Herz, um die ihnen aufgetragene Botschaft überzeugend und mit Vollmacht weiterzugeben. In Einzelfällen erlebten sie auch Säle mit sehr vielen leeren Stühlen. Doch davon ließen beide sich nicht beeindrucken. Und McEwan sang grundsätzlich, auch wenn die Zuhörerschaft einmal sehr klein war, pro Abend mindestens fünf Soli – unabhängig davon, daß er auch immer das gesamte Publikum beim Singen der Evangeliumslieder anleitete.

Dankbar für harmonische Zusammenarbeit

McEwan stand in Belfast vor einer Situation, die so völlig anders war, als er sie von Amerika her gewohnt war und sich je vorgestellt hätte. Doch als er sie vom Herrn und zur Ehre Gottes angenommen hatte, erlebte er selber dadurch einen großen Segen. Bereits bei der Eröffnungsveranstaltung in der Provinzstadt Ulster versammelten sich rund 1200 Menschen, und schon am ersten Abend kamen Menschen zum lebendigen Glauben. Jimmy war Gott dankbar für die harmonische Zusammenarbeit mit dem singenden Glaubensbruder aus Amerika. Obwohl die erste Evangelisation im protestantischen Ulster stattfand, kamen viele Mitglieder der örtlichen römisch-katholischen Kirche, um den Tenor das Lied »Das alt rauhe Kreuz« singen zu hören, und blieben dann auch, um die Botschaft des Wortes Gottes zu hören.

Immer wieder massive Botschaft

Große Veranstaltungen durften die beiden auch in Banbridge, Lurgan, Portadown und Belfast halten. In Belfast, der größten Stadt Nordirlands, erlebten sie mächtige Bewegungen des Geistes Gottes. An einem Abend predigte Jimmy über »Die zwei wichtigsten Fragen«, zum einen: »Warum du sterben mußt«, und zum anderen: »Wer wird bestehen können?« Er führte seiner Zuhörerschaft vor Augen, daß es dem Menschen gesetzt sei, einmal zu sterben, danach aber das Gericht. Denn Gott habe durch den Propheten Hesekiel gesagt: »Die Seele, welche sündigt, soll sterben.« Glücklich sei Gott über diese Lösung aber keineswegs. Durch denselben Hesekiel habe Gott auch mitgeteilt: »So wahr ich lebe, spricht Gott der Herr: ich habe kein Gefallen am Tode des Gottlosen, sondern daß der Gottlose umkehre von seinem Wege und lebe!« Andererseits wieder kündige die Bibel, das Wort Gottes, den großen Tag des Zornes Gottes an und stelle dazu die Frage: »Und wer kann bestehen?« Vor dem heiligen und gerechten Gott bestehen, so stellte Jimmy mit besonderer Betonung heraus, könne nur der Mensch, für den Jesus Christus das Gericht Gottes bereits am Kreuz auf Golgatha getragen habe. »Wenn du deine Schuld und Sünde zu Jesus bringst, ihn um Vergebung bittest und ihn, den Auferstandenen, als Herrn annimmst, dann gilt seine Erlösungstat auch für dich! Dann ist deine Seele gerettet für alle Zeit und Ewigkeit!« Als William McEwan sein Einladungslied gesungen hatte, erhoben sich zahlreiche Menschen in allen Teilen des riesigen Saales von ihren Plätzen, um nach vorn zu kommen und Jesus als ihren Heiland und Herrn anzunehmen.

»Boy Preacher« für Schallplatte gesucht

In jener Zeit entstand für Jimmy überraschend eine schwierige Situation: Die britische Tochter der amerikanischen Columbia Recording Company bot ihm an, auf einer Langspielplatte, auf der McEwans Lieder gebracht wurden, die Botschaft sprechen zu können. In der Mitteilung aus London hieß es auch, daß man für das Projekt zusätzlich einen Sängerknaben mit einer »goldenen Stimme« vom weltberühmten Chor der St. Pauls Kathedrale in

London gewonnen habe. Zu diesem »Boy Singer« paßte Jimmy unbedingt als »Boy Preacher«. Jimmy machte einen Luftsprung und konnte vor freudiger Aufregung die ganze folgende Nacht nicht schlafen. Und wieder einmal verstand er seine Mutter nicht, die seine Begeisterung überhaupt nicht teilte, sondern ein sorgenvolles Gesicht aufsetzte. Sie kannte ihren Sohn besser als er sich selbst und erklärte ihm, daß sie befürchte, er könne »zu groß« werden und dadurch unbrauchbar für Gott. Jimmy hielt ihr entgegen: »Bedenk aber doch, daß sich dadurch herrliche Möglichkeiten für die Evangeliumsverkündigung in Kanada, in den Vereinigten Staaten, in Australien, in Neuseeland und allen englischsprachigen Ländern der Welt ergeben!« Die Mutter antwortete leise: »Ich habe Angst, daß du das alles mehr zu deiner eigenen Verherrlichung tun wirst . . .« Jimmy brauste auf: »Aber Mutter! Wie kannst du mir das unterstellen?« Die Mutter behielt den leisen Ton bei: »Wenn du den Kopf verlierst und eingebildet wirst, bist du nutzlos für das Werk Gottes.«

»Mache ich das wirklich aus Glauben?«

Jimmy stürmte hinaus, packte seinen Koffer, lief zum Bahnhof, kaufte eine Fahrkarte und setzte sich in den Zug nach London, um für die Schallplattenaufnahmen bereitzustehen. Doch während der Fahrt tobte in seinem Innern ein heftiger Kampf. Als der Zug in den Bahnhof von Newcastle-on-Tyne einlief, stieg er aus. In der Stadt suchte er sich ein ruhiges Hotelzimmer. Und in der nächsten Nacht setzte Jimmy sich mit seinem Gott auseinander. Er schlug die Bibel auf und seine Augen stießen auf das Wort: »Alles aber, was nicht aus Glauben geschieht, ist Sünde.« Jimmy mußte sich eingestehen, daß er sich keiner unmittelbaren Führung des Herrn zu den Schallplattenaufnahmen bewußt war. Und so stand er vor der Frage: »Mache ich das alles dann wirklich aus Glauben?« Andererseits übten sowohl die ihm bevorstehende Zunahme an Popularität als auch die von Columbia angebotene beachtliche Gage eine gewaltige Anziehungskraft aus. Ursprünglich war es für Jimmy so gewesen, daß Gott mit ihm gehandelt hatte wie einst mit einem Elia – Gott hatte ihm klargemacht: »Geh in die Stille«, und zu einem anderen Zeitpunkt: »Nun tritt an die Öffentlichkeit!« Jetzt aber befand sich Jimmy in einer völlig anderen Situation. Langsam dämmerte ihm, daß er hier in der Gefahr stand, durch

Satan in die Verführungen der Geschäftsmacherei verstrickt zu werden. Bis zu jenem Angebot von Columbia war es Jimmy nie in den Sinn gekommen, populär oder gar reich werden zu wollen – und jetzt dieser fürchterliche Kampf. Plötzlich war Jimmy klar: Bestehe ich nicht diesen Kampf, dann endet das in einem riesengroßen Krampf! Er fühlte sich wie einstmals ein Jakob am Pniel, lag zerbrochen vor seinem Gott und schrie durch seine Tränen hindurch: »O Herr! Du hast gewonnen! Ich will nichts anderes in meinem Leben, als nur für dich zu leben und deinen Willen zu tun! Ich will dir gehorchen, egal, was es kostet! O Gott, ich danke dir, daß du mir die Gefahren der professionellen Evangelisation gezeigt und mich davor bewahrt hast!«

Was dem einen selbstverständlich, kann dem anderen schaden

Jimmy machte sich am nächsten Tag getrost auf den Heimweg nach Glasgow. Und dort hatte er eine weitere wichtige Lektion zu lernen. Sein Freund McEwan zeigte zunächst kein Verständnis für den Rückzieher des jungen Evangelisten. Dieser wiederum ging zunächst auf die Suche nach einer Antwort auf die Frage, wieso der Evangeliumssänger im Umgang mit dem Schallplattengeschäft und dem daraus folgenden breiten publizistischen Effekt überhaupt keine Schwierigkeiten hatte. Und so lernten binnen weniger Tage beide voneinander: Jimmy begriff, daß der Sänger seit 25 Jahren als bewährter Solist bei Columbia unter Vertrag stand, daß ungezählte Seelen durch seinen Dienst gesegnet wurden und daß McEwan, von Anfang an große Breitenwirkung gewöhnt, mit der Last der Popularität keinerlei Schwierigkeiten hatte. McEwan fand heraus, daß in einer Sache, bei der er selber nichts empfand, ein anderer Bruder sehr wohl einmal in innere Nöte geraten konnte. Beide blieben bis zu McEwans Rückkehr nach Amerika in herzlicher Verbindung.

Besondere Gefahren: Popularität und Geld

Die wichtigste Erfahrung, die er bei alledem gemacht hatte, begleitete Jimmy Stewart durch sein ganzes späteres Leben: Ein wahrer Evangelist muß dem Geist Gottes gehorchen, egal wie hoch der Preis auch sein mag; er darf es niemals zulassen, daß Popularität und Geld zwischen seinen Dienst und seinen Gott treten. Dienst am Wort Gottes auf der Basis persönlicher Eitelkeit erschien Jimmy stets als, wie er es später in einem Brief ausdrückte, »Frevel an heiligen Dingen«. Er legte als Diener Gottes dieses Gebet auf sein eigenes Herz:

> Wenn ich Erlösung künde hier,
> laß all mein Denken nur in dir
> gefangen sich befinden;
> beugt dir sich jeder Geist und Wille,
> laß hinter deinem Kreuz fein stille
> mich voll und ganz verschwinden.

In der Kohlengrube und auf dem Sportrasen

Während Jimmy bis dahin fast ausschließlich unter freiem Himmel das Evangelium gepredigt hatte und ihm insbesondere bei dem alten Freiversammlungsmissionar Sergeant John D. Wheeler beigebracht worden war, ein wenig auf die in Sälen arbeitenden Evangelisten und Pastoren herabzublicken, hatte er durch die Veranstaltungen mit dem Sänger William McEwan einen ganz neuen Blick für Hallenevangelisation bekommen. Seine gesegneten und überaus lehrreichen Zeiten mit »Happy Jim« Bryant und Sergeant Wheeler blieben zwar für immer seine schönsten Erinnerungen. Auch war ihm bewußt, daß es die Männer der Freiversammlungsmission waren, die den eigentlichen Auftrag erfüllten, hinaus an die Hecken und Zäune zu gehen, um die zu erreichen, die überhaupt kein inneres Verhältnis zu Gottes Wort hatten. Und er wußte auch, daß auf die Kirchen das genaue Gegenteil zutraf. Bei den Freiversammlungen bestand die Zuhörerschaft durchweg nur aus Männern, die zu nahezu 100 Prozent als unbekehrt angesehen werden mußten.

Mehr Tiefgang und Lehre gefragt

Jetzt aber hatte Jimmy mehrfach bei seinen Einsätzen mit McEwan bemerkt, daß sich in Hallen durchweg ein anderes Publikum einfand, welches die Botschaft von Jesus ebenso nötig brauchte, und daß in geschlossenen Räumen, in denen nicht alle möglichen Außengeräusche und Ablenkungen auf die Predigt einwirkten, eine Atmosphäre größerer Konzentration und Aufmerksamkeit vorherrschte – was wiederum höhere Anforderungen an den Prediger und seine Auslegung stellte. Predigt auf der Straße oder auf den Tribünen einer Rennbahn konnte immer nur kurz, hart, schlagkräftig und vom Inhalt her nahezu gleichbleibend sein. Bei der Verkündigung im geschlossenen Raum, egal wie groß dieser war, kam er als Prediger nicht um mehr Tiefgang und Lehre herum – und gerade auf diesem Gebiet, das empfand Jimmy immer stärker, hatte er als Straßenprediger bis zu jenem Zeitpunkt vieles versäumt.

Besondere Glaubenserfahrung in Northumberland

Deshalb nahm Jimmy es dankbar und ohne Murren an, als Gott ihn nach Abschluß der Feldzüge mit dem singenden Bruder aus Amerika zu mehreren Hallenevangelisationen nach Nordostengland führte. Er wußte, daß er jetzt wieder viel Neues zu lernen hatte und dazu auch die Chance bekam, durch intensiveres Studium und lehrhaftere Verkündigung tiefer in das Wort Gottes eindringen zu dürfen. Sein erster Evangelisationsfeldzug fand in Newcastle-on-Tyne in Northumberland statt. Und bevor es richtig anfing, erlebte Jimmy dort zunächst in besonderer Weise seinen Herrn. Als er am ersten Tag in der grauen Industriestadt ankam, fühlte er sich müde, abgekämpft, ausgelaugt. In seinem Hotelzimmer kniete er vor seinem Bett nieder, um nur für wenige kurze Minuten mit Gott zu sprechen, als er plötzlich über sich einen geöffneten Himmel zu sehen glaubte und die Gegenwart Gottes sein Inneres mit Wogen der Liebe überflutete. Als die große Freude sich in seine Seele ergoß, weinte Jimmy leise vor sich hin. Dabei wurde ihm klar, daß Gott an mehr gelegen war als nur an Einsatzbereitschaft, Diensteifer und Aufopferung – Gott wollte ihn ganz für sich haben. Jimmy merkte, daß er bis dahin zu oft über der großen Geschäftigkeit keine Zeit gehabt hatte, Gott anzubeten.

Nachts noch einmal auf den Marktplatz

Das änderte sich von jenem Tage an. Einen ganzen Monat lang evangelisierte Jimmy in Newcastle-on-Tyne in einem großen Saal. Nach der Abendveranstaltung predigte er auf dem großen Markt im Zentrum der Stadt noch zu Tausenden von Männern und Frauen, die niemals ein Gebäude betreten hätten, um die Botschaft zu hören. Wenn Jimmy gegen Mitternacht in sein Hotelzimmer kam, schloß er die Tür und suchte die Gemeinschaft mit seinem Herrn. Seine Zeit vor dem Thron der Gnade füllte er mit Anbetung und Fürbitte aus. Und wenn er endlich schlafen ging, war es 3 Uhr morgens. Am ersten Tag war es ihm ebenso ergangen: Nach der ersten herrlichen Begegnung mit seinem Gott hatte er das Empfinden gehabt, daß wenige Minuten vergangen waren – und die Uhr zeigte ihm, daß es drei Stunden gewesen waren. Gott schenkte in jener Evangelisation großen Segen. Am vierten Abend unterbrach eine Frau Jimmys Predigt. Sie kam schluchzend nach vorn und weinte über ihren sündigen Zustand. Von da an kamen fast an jedem Abend ängstliche, verzweifelte Seelen in die Nachveranstaltungen, in denen sie durch den Evangelisten und die Seelsorgehelfer eine sehr feinfühlige, behutsame Betreuung erfuhren. Der Evangelisationsmonat hatte fünf Samstage, und an diesen versammelten sich nachmittags jeweils einige tausend Gläubige, wenn Jimmy ihnen die Lebensbilder von Abraham, Elia, Daniel, Petrus und Paulus in Form intensiver Unterrichtslektionen vor Augen malte.

Kindlich-Knallharte Aufrichtigkeit

Von Newcastle-on-Tyne zog Jimmy in das Bergbaugebiet von Durham. Hier erwarteten ihn ebenfalls Überraschungen. In Schottland hatte er nur selten Kontakt mit einzelnen Bergarbeitern gehabt. Hier aber begegnete er einer ganzen Bevölkerung, deren Männer durch die außergewöhnlich harte und lebensgefährliche Maloche unter Tage in der Kohle geprägt waren. Ungeachtet ihrer derben, zuweilen abgestumpft wirkenden Art liebte Jimmy die Bergleute besonders, weil sie von einer kindlichen Aufrichtigkeit waren und in jedem Fall knallhart ihre Meinung sagten. Auch auf ihren Gesichtern zeichneten sich Sorgen ab. Glücklich waren noch die dran, die Arbeit hatten. Zehntausende hingegen hingen den ganzen Tag an den Straßenecken herum oder vertrieben sich die Zeit damit, auf irgendeiner Bolzwiese dem Fußball nachzulaufen. Wie andere Evangelisten war sich auch Jimmy dessen bewußt, daß dies Zeiten und Zustände waren, in denen die Herzen für das Evangelium offener standen.

Glaube nur für »Schwächlinge und Betschwestern«

Wer sich mit den Bergleuten einließ, mußte wissen, wie man von vornherein den Stier bei den Hörnern packt. Jimmy überraschte die Männer in der Frühe vor Schichtbeginn draußen vor dem Eingang zur Zeche, wo er jedem von ihnen ein Evangeliumstraktat in die Hand drückte und sie zur Veranstaltung am selben Abend einlud. Zunächst blieb eine kleine Traube von Männern um ihn stehen. Zwei erklärten dem Fremden mit dem jugendlichen Gesicht, an Jesus zu glauben sei etwas für Schwächlinge und Betschwestern. Sie aber seien Bergleute, sie hielten jeden Tag fürs Geld und für die Familie den Kopf hin. Er solle seine frommen Sachen mal ruhig den Omas und den Kindern erzählen. Das Kopfnicken der anderen bestätigte, daß sie alle dieser Ansicht waren. Jimmy sagte: »Daß ihr 'ne schwere Arbeit tut, glaube ich euch. Ich komme euch da unten mal besuchen und schaue mir das an.« Lachend machten sich die Kumpel davon in Richtung Förderturm. Die Sirene verkündete den Beginn der Frühschicht. Die großen Räder auf dem Turmgestänge drehten sich fleißig. Und Jimmy marschierte zum Verwaltungsgebäude, um den Berwerksdirektor zu sprechen.

Besuch unter Tage

Zuerst war das Staunen an Jimmy, als er tatsächlich die Genehmigung zu einer Grubenfahrt erhielt und man ihm dazu auch die Kleidung sowie den Helm zur Verfügung stellte. Sodann gab es ein großes Staunen unter Tage bei den Hauern und Steigern, als der junge Evangelist, der am Morgen noch draußen vor der Zeche gestanden hatte, plötzlich vor Ort aufkreuzte und ihre ebenso anstrengende wie gefahrvolle Arbeit bewunderte. Jimmy blieb stundenlang unten, ließ sich von den Männern einen Teil des viele Kilometer langen Stollennetzes zeigen und fuhr erst zum Schichtende mit ihnen nach oben. Nachdem die Bergmänner gesehen hatten, wie der Kleine echtes Interesse an ihrer Maloche gezeigt und in der Gefahrenzone sogar auf dem Rücken durch den Schlamm gekrochen war und sich das Grubenwasser aufs Gesicht hatte tropfen lassen, sahen sie ihn mit anderen Augen an. Am Abend desselben Tages füllten sich vor Jimmys Augen die Stuhlreihen im Saal mit Männern. Fast die gesamte Belegschaft aus dem großen Pütt marschierte auf.

Veranstaltungen nur für Männer verlangt

Jimmy überkam eine besondere Erinnerung an eine Bergarbeiterstadt in Schottland, wo er ein Jahr zuvor evangelisiert hatte. Dort stand sein Missionszelt auf einer großen Wiese am Ortsrand. Ins Zelt kamen nur die Frauen und die Kinder. Die Männer spielten nebenan auf dem freien Teil der Wiese Fußball. Doch an einem Abend betrat ein großer, blendend aussehender Mann von etwa 25 Jahren mit athletischer Gestalt das Zelt, bewegte sich durch den Mittelgang nach vorn und setzte sich auf die erste Bank. Plötzlich fiel ihm ein, daß es sich bei ihm um den Präsidenten des örtlichen Fußballclubs handelte. Bevor er noch länger darüber nachdenken konnte, geschah die nächste große Überraschung: das Zelt quoll binnen weniger Minuten über von all den Bergleuten, die gerade zuvor noch draußen entweder Fußball gespielt oder aber ihre Kameraden vom Spielfeldrand her angefeuert hatten. Sie alle kamen Abend für Abend wieder. Nach ein paar Tagen forderten die Bergleute von dem Evangelisten, er solle besondere Veranstaltungen für Männer abhalten. Sie hätten erkannt, daß das Evangelium nicht nur für Frauen und Kinder da sei. Was er da aus der Bibel weiterzusagen habe, sei viel mehr etwas für Männer.

Nicht mit Bibel und Gesangbuch vom Himmel gefallen

Mindestens ebenso überrascht waren auch die Bergleute von Durham, als sie feststellen mußten, daß der junge schottische Evangelist Jimmy Stewart keineswegs am Fallschirm mit der Bibel in der rechten und dem Gesangbuch in der linken Hand vom Himmel gefallen war. Am nächsten Nachmittag tauchte er nämlich auf dem Sportplatz auf, wo sie bereits wieder hinter dem runden Leder herrannten, und zeigte ihnen, daß er auch etwas vom Fußballspielen verstand. Vom Abend dieses Tages an blieb bis zum Ende des Feldzuges in der Evangelisationshalle kein Stuhl mehr unbesetzt. Die Christen am Ort arbeiteten intensiv mit ihrem Evangelisten zusammen. Vor Beginn jeder Veranstaltung trafen sich rund 100 von ihnen zu einer Gebetsgemeinschaft. Zuvor zog eine große Anzahl Gemeindeglieder mit Jimmy durch die Stadt von Haus zu Haus, um die Menschen einzuladen. Der eine Erfolg auf dem Fußballplatz hob den Dienst der anderen nicht auf.

Einbruch in das Territorium Satans

An einigen Abenden zogen die Christen auch durch die Stadt, sangen ihre Evangelisationslieder und trugen Plakate sowie Spruchbänder. Voran marschierte die Kapelle der örtlichen Heilsarmee. Bei alledem zeigte Jimmy eine große jugendliche Begeisterungsfähigkeit, mit der er die anderen Gläubigen mehr oder weniger ansteckte. Bei solchen Bekenntnismärschen wußte er sich stets auf der Seite des Siegers und faßte den Auftritt konkret als Einbruch in das Territorium Satans auf. In der

Evangelisationshalle begann dann der eigentliche Kampf. Da spürten die Bergarbeiter, daß es nicht mehr um Unterhaltung und Zeitvertreib ging, sondern daß Licht und Finsternis um ihre Seelen rangen. Sichtbare Bekehrungen gab es hier nicht viele. Aber Jimmy erkannte an den Gesichtern seiner Zuhörer, daß die Botschaft in vorbereiteten Boden fiel – die Saat brauchte in diesem Fall wohl mehr Zeit, um aufzugehen.

24 Prophezeiungen in wenigen Stunden erfüllt

Während seiner Feldzüge im Norden Englands wurde Jimmy mit zwei außergewöhnlichen Aufträgen konfrontiert. In Newcastle-on-Tyne betrat er einen Laden, an dessen Inneneinrichtung er sofort erkannte, daß der Besitzer ein Jude war. Der Mann reagierte auf die Einladung zur Evangelisation sehr freundlich, und Jimmy erkannte, daß er diesem Menschen aus dem auserwählten Volk ein besonderes Zeugnis von Jesus als dem Messias zu geben hatte. Bald kamen aus der unmittelbar hinter dem Laden gelegenen Wohnung andere Familienmitglieder hinzu. Jimmy fühlte in seinem Herzen eine große Liebe zu diesen Leuten. Auf ihren Gesichtern zeichnete sich eine große Ratlosigkeit ab. »Wenn Jesus nicht der wahre Messias ist, wer ist es dann?« fragte er und schlug das Alte Testament auf. Hier zeigte er ihnen insgesamt 24 Prophezeiungen, angefangen bei der ersten Verheißung des Erretters im 3. Kapitel des 1. Buches Mose, 15. Vers, und las ihnen aus Psalm 22 wie auch aus dem 53. Kapitel des Buches Jesaja vor. Dann schlug er das Buch Matthäus auf und wies ihnen nach, wie die 24 Prophezeiungen binnen weniger Stunden erfüllt wurden, in denen Jesus am Kreuz auf Golgatha starb. Die Juden zeigten eine Mischung aus innerer Betroffenheit und leicht angedeutetem Kopfschütteln. »Wenn Sie die übereinstimmenden Zeichen des Alten Testaments, die auf den wahren Messias hinweisen, ablehnen«, warnte Jimmy, »werden Sie den falschen Messias annehmen. Er wird der Antichristus sein, der ›Mensch der Sünde‹.«

Mit den Lotsen auf See hinaus

Die andere Aufgabe nahm Jimmy wahr, nachdem er draußen an der Tyne-Mündung die großen Schiffe von der Nordsee her in den Hafen einlaufen gesehen hatte. Zuerst suchte er in seiner evangelistischen Literatur so lange, bis er ein kleines Buch gefunden hatte, das den Heilsweg in mehreren Sprachen darstellte. Hiervon waren bei ihm noch zahlreiche Exemplare vorhanden. Dann suchte er im Hafen den Lotsendienst auf und erbat sich die Erlaubnis, den Hafenlotsen nach draußen zu den Schiffen begleiten zu dürfen. Als das in den ersten Fällen gut geklappt hatte, rief das Lotsenamt den jungen Evangelisten immer in seinem Quartier an, bevor ein Schiff sich dem Hafen näherte, und Jimmy stand dann pünktlich mit seiner umgehängten Bibeltasche bereit, um mitzufahren. In dem schwankenden Lotsenbötchen wurde er jedesmal seekrank.

Bibeln für die Schiffsbesatzungen

Das kleine Gefährt schob sich seitlich an ein Schiff heran, das keineswegs anhielt, sondern nur die Fahrt ein wenig verlangsamte. Von oben flog eine Jakobsleiter herab, die, je nach Schiffsbewegung, heftig hin und her pendelte und sehr schwierig einzufangen war. Dann schwangen sich erst der Lotse und anschließend Jimmy hinauf und stiegen über die Reling. Dort mußte alles sehr schnell gehen. Jimmy stürmte in den Kapitänssalon und fragte den Schiffsführer um die Erlaubnis, Bibeln und christliche Schriften an die Mannschaft verteilen zu dürfen. Dies mußte dann innerhalb einer Stunde geschehen sein, weil bis dahin das Schiff an der Pier festgemacht und von dem Augenblick an jeder mit seinen eigenen Aufgaben vollauf beschäftigt war. Die meisten Schiffe, die den Hafen anliefen, kamen aus Norwegen. Besonders interessiert war Jimmy an den Dampfern aus Indien und China.

Der chinesische Kapitän, der Jesus kannte

Bei diesem Dienst schenkte Gott dem jungen Evangelisten eines Tages eine besondere Ermutigung. Das Lotsenamt kündigte ihm ein chinesisches Schiff an, und Jimmy belud seine Tasche mit chinesischen Bibeln und Büchern, bevor er losstürmte. Auf dem Schiff ging er zum Kapitän, verneigte sich höflich vor ihm und fragte, ob er die Schriften weitergeben dürfte. Offenbar verstand der mandeläugige Mann kaum englisch, doch ein Strahlen fuhr über sein Gesicht, als der die chinesischen Schriftzeichen sah. In dem Augenblick wurde Jimmy innerlich klar, daß er vor einem Bruder in Christo stand. Der Kapitän zeigte auf sein Herz, dann zum Himmel und rief: »Jesus! Jesus! Amen! Halleluja!« Im nächsten Augenblick warf der Kapitän die Kabinentür zu, die beiden umarmten sich, und schon knieten sie nieder, und jeder dankte Gott für diese Begegnung in seiner eigenen Sprache. Kurz danach kam einer der chinesischen Schiffsoffiziere herein. Der sprach fließend englisch und konnte zwischen Jimmy und dem Kapitän übersetzen. Anschließend geleitete der Schiffsführer den jungen Missionar zu jedem einzelnen Mannschaftsmitglied, und keiner der Männer lehnte die von Jimmy angebotene Literatur ab.

Der Kämpfer mit den gefalteten Händen

Es gab kaum eine Zeit, in der Jimmy einmal nur einen einzigen Dienst ausführte. Ständig tat er mehrere Dinge gleichzeitig. So kam es immer wieder einmal vor, daß er die Arbeit wie riesige Wellen über sich zusammenschlagen sah. Deshalb begann er eines Tages, Gott um einen Mitarbeiter zu bitten. »Herr, sende mir einen heiligen Mann«, so sein Notruf, »vor allem einen, der mächtig im Gebet ist!« Als Antwort schickte Gott ihm Herbert Brown. Herbert brachte aus dem Ersten Weltkrieg eine Neurose mit, die sich so auswirkte, daß er stotterte und stammelte. Es war bei Jimmy nichts anderes als jugendliche Unerfahrenheit, daß er zunächst entsetzt war und darin den Willen Gottes nicht erkennen konnte. Äußerlich war Herbert ein sehr unscheinbarer Mann, und auch sein Innenleben schien sehr einfach. Doch eine große Bereicherung seines christlichen Lebens erfuhr Jimmy dadurch, daß Herbert ein sehr starkes Gebetsleben führte. An diesem Punkt legte sich das Aufbegehren des jungen Evangelisten, und er dankte Gott aus ganzem Herzen für die sichtbare Gebetserhörung.

Ein Wohnwagen musste her

Vorerst reiste Herbert mit Jimmy durch die Lande von Einsatz zu Einsatz, wobei sie entweder in Hotelzimmern oder Gästeräumen in den Häusern von Christen übernachteten. Bald erwähnte Herbert, daß es gut wäre, wenn sie einen Wohnwagen anschaffen würden, um mehr mit Gott allein sein und intensiver um Ausrüstung und Kraft durch den Geist Gottes bitten zu können. Auch seien sie mit einem zum Wohnmobil umgebauten Lieferwagen bei ihren Reisen über Land unabhängiger von Fahrplänen und somit insgesamt beweglicher. Gott schenkte ihnen das Geld und das richtige Fahrzeug, das sie zunächst in einer ruhigen Gegend von Northumberland parkten. Hier in der Einsamkeit fasteten und beteten sie und sahen über etliche Wochen keine einzige Menschenseele. Als sie dann zur ersten Freiversammlung hinausfuhren, erlebten sie die Kraft Gottes in besonderem Maße. Angesichts der Menschen, die von ihrer Sünde überführt wurden und sich bekehrten, wußten die beiden Evangelisten, daß ihre Gebete beantwortet wurden und sie das Angesicht Gottes in der Stille nicht umsonst gesucht hatten.

Jimmy fühlte während jener Tage in sich von Gott her eine besondere Kraft. Überall, wo er in den nächsten Wochen in Northumberland auftrat, wurden Seelen gerettet. Der lebendige Gott schenkte zahlreiche Veranstaltungen, in denen sein Name erhoben und Ewigkeitsfrucht gewirkt wurde. Viele Menschen fanden bei diesen evangelistischen Abenden zu Jesus als ihrem Herrn.

Hilfe in grosser Seelennot

Tagsüber ging Jimmy von Haus zu Haus, um einzuladen. Dabei betrat er einmal ein Bauernhaus. Als die Magd die Tür öffnete, rannte sie sofort in die Stube und rief: »Es ist der junge Prediger!« Die Frau des Hauses holte ihn herein und erzählte ihm, sie sei zusammen mit ihrer Schwester und der Dienstmagd bei ihm in den Versammlungen gewesen, und nun leide sie sehr unter dem Wissen um ihre Sündenschuld. In dem Gespräch, das sich anschloß, mußte Jimmy erkennen, daß die Frau in großer Seelenangst war. Doch nach langem Ringen um die Wahrheit schenkte Gott es der Frau, daß sie den Trost des Evangeliums und den Zuspruch der Vergebung in Jesus Christus annehmen und zur echten, tiefen Freude des Glaubens durchdringen konnte. Ähnliches erlebte Jimmy dort in Northumberland in vielen Häusern. Immer wieder traf er Menschen an, deren Seelen über der Botschaft des Evangeliums in große Unruhe geraten waren und denen der Trost der vergebenden Gnade Gottes gebracht werden mußte.

Jede Woche eine Gebetsnacht

Ihre gemeinsame Kampftaktik hatten sich Jimmy und Herbert vom Geist Gottes zeigen lassen. Sie war so klar und einfach, daß es nirgends auch nur die Andeutung von Mißverständnissen gab: Jimmy war der Prediger, Herbert war sein Gebetskrieger. Er verbrachte überhaupt jeden Tag viele Stunden im Gebet. Und wenn Jimmy in einem Saal hinter dem Rednerpult stand und predigte, entdeckte er irgendwo zwischen den Zuhörern seinen Herbert, wie er in Gebetshaltung mit geneigtem Kopf dasaß. Ebenso draußen bei den Freiversammlungen stand Herbert zwischen den Menschen, die sich angesammelt hatten. Er nahm unauffällig seinen Hut ab, senkte den Kopf und betete für die Errettung von Seelen. Jimmy selber legte jede Woche von samstagsnachts 11 Uhr bis sonntagsmorgens 5 Uhr eine Gebetsnacht ein. So wunderten sich beide nicht mehr, als sie an ihrem Dienst die Erfüllung jener Verheißung aus dem Markus-Evangelium erkannten: »Sie aber gingen aus und predigten an allen Orten; und der Herr wirkte mit ihnen und bekräftigte das Wort durch mitfolgende Zeichen.« Nach besonderen Zeichen hielten sie nicht Ausschau. Ihnen war es genug Zeichen des Wirkens Gottes, daß sich immer wieder Herzen für Jesus auftaten, daß immer wieder Freude im Himmel gewirkt wurde über einen Sünder, der Buße tat.

Ein feines Leuchten der Heiligkeit

Es war der etwas ältere, stille, stotternde Herbert Brown, der Jimmy das Vorbild eines wahren Fürsprechers vorlebte und ein Leben in der Fülle des Heiligen Geistes führte. Die vielen Stunden, die er allein mit seinem Gott verbrachte, legten auf ihn das feine Leuchten neutestamentlicher Heiligkeit, die für Jimmy wunderbar anzuschauen war. Viele Menschen erzählten Jimmy später, Herbert sei der heiligste Mann Gottes gewesen, der je in ihrem Haus gelebt hätte. In jenen Tagen sangen die Gläubigen oft ein Lied mit dem Refrain: »Nur ein kleines Gespräch mit Jesus macht schon alles wieder gut . . .« Durch Herbert wurde dem jungen Evangelisten klar, daß er den Glaubensgeschwistern zu diesem Thema eine Korrektur zu predigen hatte: »Es braucht mehr als ›nur ein kleines Gespräch mit Jesus‹, um ein Leben zu erneuern, um Menschen für Jesus Christus zu gewinnen, um die Kraft des Geistes Gottes auf die Versammlung zu bringen!«

Entschuldigungen kamen nicht in Frage

Voller Dankbarkeit mußte Jimmy immer wieder feststellen, daß sein Dienst machtvoll unterstützt und getragen wurde dadurch, daß Gott einen Heiligen seiner Wahl gesandt hatte. Herberts Gebetsleben trug immer wieder besondere Früchte. Zuweilen predigte er auch, obwohl Gott ihn von seinem Sprachfehler nie ganz befreit hatte. Herbert hätte in jedem Fall eine Entschuldigung dafür gehabt, daß er nicht an vorderster Front mit hätte kämpfen wollen. Aber das kam für ihn nicht in Frage. Er tat seinen Dienst so, wie er ihn von Gott aufgetragen bekam. Durch Herberts Gebetsgeist wurde auch ein Kreis gläubiger Gutsbesitzer erfaßt. Sie gerieten in größte innere Nöte um die Seelen ihrer noch nicht erretteten Nachbarn und beriefen wöchentliche Gebetsversammlungen ein, um vor Gott für diese Seelen einzutreten. Bei diesen in den Häusern reihum veranstalteten Zusammenkünften teilten sich die Männer, die Frauen und die Kinder in verschiedene Gruppen ein, die in verschiedenen Zimmern beteten. Sie brachten systematisch ihr gesamtes Gebiet mit einem Umkreis von vielen Kilometern vor den Thron der Gnade.

Not um die Seelen der Nachbarn

Vor diesem Hintergrund geschah es, daß ein Landwirt bei Jimmy anfragen ließ, ob er nicht sehr schnell auch zu ihm ins Dorf kommen und evangelisieren könne. Jimmy war Stück für Stück von einem Gebiet ins nächste gezogen, um zu versuchen, ganz Northumberland so lückenlos wie möglich zu erfassen. Jetzt verspürte er ein wenig Angst, plötzlich aus der Bahn zu springen und dem Ruf dieses Mannes zu folgen. Er fürchtete, daß dann das Wirken des Geistes Gottes womöglich ausbleiben könnte. Er ließ den Mann wissen, daß er später kommen wolle, wenn das Gebiet im Ablauf der Reise an die Reihe käme. Sofort sandte der Bauer ihm durch einen Bekannten einen Brief, in dem er flehte: »O Jimmy, ich werde sterben, wenn ich nicht meine Kinder und auch meine Nachbarn gerettet sehe! Ich bin ein Mann gebrochenen Herzens und kann nicht mehr schlafen!«

Betendes Ringen in der Ackerfurche

Jimmy ging in die Stille und suchte im Gebet eine Antwort von Gott. Dann entschloß er sich, die Einladung anzunehmen. Als er an dem Ort ankam und das Bauernhaus betrat, sagte ihm die Hausfrau, ihr Mann sei noch weit draußen auf dem Feld. Sie wartete schon eine Weile, daß er zum Mittagessen heimkomme. Und dann plötzlich hatte sie Tränen in den Augen und es brach aus ihr heraus: »Jimmy, bitte, beten Sie für ihn! Er kann die Last nicht mehr ertragen. Ich habe ihn noch nie vorher so gesehen. Das einzige, was für ihn in diesem Leben noch zählt, ist, seine Lieben und seine Nachbarn gerettet zu sehen!« Jimmy ließ sich die

Richtung zeigen und wanderte in die Felder hinaus. Nach längerer Wegstrecke entdeckte er den Mann, der hinter einem Handpflug in der frisch gepflügten Furche auf dem Angesicht lag, stöhnte und mit bebendem Körper Fürbitte tat. Der Bauer bemerkte nicht das Herannahen des Evangelisten. Jimmy blieb in einer gewissen Entfernung stehen, sah über der Szene plötzlich ein himmlisches Geschehen, das er nicht stören durfte, machte auf dem Absatz kehrt und ging zurück auf den Bauernhof.

Kraft Gottes kaum noch zu ertragen

Beim Abendessen blieb der Platz des Familienoberhaupts leer. Nach der Mahlzeit rief der Bauer den Evangelisten in sein Zimmer und sagte: »Ich möchte mich entschuldigen, daß ich die Veranstaltung heute abend nicht leiten kann. Ich muß hier vor meinem Gott auf den Knien bleiben, und ich weiß, daß Gott die Veranstaltungen in diesen Wochen segnen wird! Für heute abend habe ich alle meine Nachbarn im Umkreis von zehn Kilometern eingeladen.« Die Nachbarn kamen tatsächlich. Drei große Zimmer waren vollgestopft mit Menschen. Jimmy hatte nicht das Empfinden, daß hier ein Eingangslied angebracht war, sondern begann sogleich mit seiner Botschaft, diesmal über das Thema: »Wie kann man wissen, ob man wiedergeboren ist?« Er brachte eine Auslegung sowohl aus dem 3. Kapitel des Johannes-Evangeliums als auch aus dem 1. Johannes-Brief und merkte plötzlich während der Predigt, daß auf ihm eine Kraft Gottes lag, die er kaum noch zu ertragen vermochte. Beim Predigen betete er innerlich: »Herr, hilf mir, daß ich nicht zusammenbreche!« Dann fiel ihm auf, daß die Zuhörer tief bewegt waren und manche bereits begannen, sich die Tränen von ihren Augen zu wischen. Offensichtlich tat der Geist Gottes sein Werk, die Herzen von der eigentlichen Ursünde zu überführen, daß sie Jesus Christus ablehnten. An diesem Eröffnungsabend waren unter denen, die Jesus als ihren Herrn annahmen und errettet wurden, zwei Kinder des Hauses.

»Seufzer . . ., die Gott nicht abschlagen kann«

Während der gesamten Veranstaltung saß immer in irgendeiner Ecke ganz still Jimmys Mitarbeiter – in der üblichen Haltung: den Kopf gesenkt, die Hände gefaltet. In einem anderen Zimmer lagen entweder der Bauer oder seine Frau betend auf den Knien.

An einem Morgen sagte die Frau des Hauses, was sie bei solchen Abenden vor Gott zu bringen habe, seien keine eigentlichen Gebete mehr, sondern nur noch lauter Seufzer. Jimmy teilte ihr mit, daß Charles Haddon Spurgeon einmal gesagt habe: »Seufzer, die nicht ausgesprochen werden können, sind Gebete, die Gott nicht abschlagen kann.« Noch oftmals in seinem späteren Leben hat Jimmy sich solche Gebetskämpfer wie Herbert Brown, wie diese Bauersfrau und andere Glaubensgeschwister aus Northumberland an die Seite gewünscht.

Mit dem Missionszelt an Tyne River

Als Jimmy seinen Dienst in Northumberland als abgeschlossen ansah und sich wieder dem Industriegebiet im Nordosten Englands zuwandte, begegneten ihm doch hier und da Schwierigkeiten bei der Suche nach geeigneten Sälen für evangelistische Abende. »O Herr, wenn ich die Fernstehenden erreichen soll«, wandte er sich an seinen Gott, »dann brauche ich für diese Gegend ein Missionszelt!« Gott tat ein Wunder. Aus einer Richtung, aus der er es nie erwartet hätte, wurden Jimmy ein Zelt mit 500 Plätzen und die nötigen Finanzen zur Verfügung gestellt. Jimmy zog damit für einige Monate durch zahlreiche Orte des Tyne River. An einem Abend, als er eine Frau hatte zu Jesus führen dürfen, kam nach der Veranstaltung ein älterer Bruder zu ihm und erzählte mit Tränen in den Augen, diese Frau sei das Kind eines betenden Vaters, der vor Jahren schon von Gott heimgerufen worden war, ohne miterlebt zu haben, daß eines seiner Kinder errettet wurde. Der Mann habe noch auf dem Sterbebett bekannt, er lasse von seinem Glauben nicht los, daß der Herr jedes Mitglied seiner Familie noch erretten werde.

Der Ruf nach draußen

Jimmy hatte sein 20. Lebensjahr noch nicht vollendet, da wuchs in ihm ein großes Verlangen, weltweit zu evangelisieren. Ihm war bewußt, daß er mit seiner Muttersprache alle englischsprachigen Gebiete der Erde wie die USA, Kanada, Australien oder Neuseeland erreichen konnte. Insbesondere aber lagen ihm Länder wie Indien oder Teile Afrikas auf dem Herzen, wo man noch irgendwelchen toten Götzen nachläuft, wo täglich Hunderttausende sterben und auf ewig verloren gehen, weil sie die Botschaft von Jesus Christus nie oder nicht oft genug oder nicht eindringlich genug gehört hatten. Immer wieder tönte der Ruf der Heidenseelen in seinen Ohren. Und Jimmy fing damit an, jeden Penny, den er übrigmachen konnte, zusammenzukratzen und damit die Auslandsmission in Indien, Südamerika und Afrika zu unterstützen. Wie fast alle Christen in Großbritannien hatte auch seine Mutter daheim ein Missionsopferkästchen stehen, dessen Inhalt, wenn es voll war, auf verschiedene Missionsgesellschaften verteilt wurde. Sie bezog auch eine ganze Reihe von missionarischen Informationsblättern und hatte sich eine lange Liste von Missionaren zusammengestellt, für die sie regelmäßig betete.

Blick für Aussenmission geöffnet

Über diese missionarisch orientierten Einflüsse im Elternhaus hinaus brauchte Jimmy von seinem Gott noch einen besonderen Anstoß, um den richtigen Blick für die Außenmission zu bekommen. Und dazu setzte Gott eine Christin namens Tina Coutts ein. Sie war unverheiratet geblieben, hatte ein sehr offenes Herz für die außerhalb des Evangeliums lebenden Heidenvölker und wäre gern als Missionarin hinausgegangen, hätten nicht familiäre Gründe sie daran gehindert. Da sie nicht Missionarin sein konnte, lebte sie zu Hause wie eine solche und investierte alles, was sie selber nicht zum unmittelbaren Überleben brauchte, in die Arbeit von Missionaren, die für die Verbreitung der Botschaft von Jesus Christus unterwegs waren. Als Jimmy eines Tages heimkam und von seiner Mutter Fräulein Tina Coutts vorgestellt wurde, wechselte diese sehr schnell das Thema und kam auf die ungezählten Heiden in aller Welt zu sprechen, die noch nie das Evangelium gehört hatten. Sie öffnete dem jungen Evangelisten endgültig die Augen für dieses weite Feld der Reichsgottesarbeit auf Erden.

Um Horizonterweiterung bemüht

Jimmy sah sich selber nicht in irgendeines der Heidenländer gerufen. Aber er plante, internationaler Evangelist zu werden und im Rahmen dieser Arbeit die Christen in aller Welt zur Unterstützung der Auslandsmission aufzurufen oder auch das Geld, das man ihm zur Verfügung stellen würde, den Missionaren in aller Welt zukommen zu lassen. Während er an Entwürfen für dieses Vorhaben arbeitete und kräftig um eine in diese Richtung gehende Erweiterung seines Horizonts bemüht war, wurden einige andere Angebote an ihn herangetragen, die ihn in Versuchung brachten, sich in ruhigere, »geordnetere« Dienste zurückzuziehen. So wurde bei ihm angefragt, ob er als 19jähriger die Verantwortung als »Superintendent« eines rund 2000 Menschen fassenden evangelistischen Zentrums in London übernehmen wolle. Das Evangelistische Komitee der Kirche von England schrieb ihn an und bat ihn, sich zu überlegen, ob er nicht dort vollzeitiger Evangelist werden wolle. Der einzige vollzeitige Evangelist der Kirche von Schottland, Reverend D. P. Thomson – ein Mann, den Gott seinerzeit ebenfalls mächtig zur Rettung von Seelen gebrauchte – lud Jimmy ein, zweiter Mann an seiner Seite zu werden.

Suche zwischen verschiedenen Richtungen

Etwa zur selben Zeit bat ihn Dr. Cochrane von der Mildmay-Bewegung in London, mit Gott über die Möglichkeit zu sprechen, sich einem Missionsteam anzuschließen, das aus Reverend Lionel B. Fletcher, einem bekannten britischen Evangelisten für Australien, und dem berühmten Bibellehrer Dr. W. Graham Scroggie bestand. Bei dem Gedanken daran, daß er als noch nicht ganz 20jähriger Frischling in einem Team mit diesen beiden Giganten der Evangeliumsverkündigung dienen sollte, wurde Jimmy plötzlich innerlich ganz klein. Sein Herz hingegen zog ihn in eine andere Richtung: Er hatte nicht lange zuvor mit Jock Troop, Schottlands führendem Erweckungsprediger, einige Wochen zusammengearbeitet. Obwohl Jock 17 Jahre älter war als Jimmy, war zwischen beiden eine sehr tiefe geistliche Verbindung entstanden. Jimmy liebte den Bruder wie kaum jemand anderes auf der Welt, weil er über dessen Leben die Gnade und das Wirken Gottes erkannt hatte.

Evangelium auf den Fischmarkt

Jocks Dienst hatte, während Jimmy zugegen gewesen war, mit einer erstaunlichen Erweckung im nördlichen Schottland an der Küste in den Fischerdörfern begonnen. Er zog in den frühen Morgenstunden auf die Straße und an den Hafen, wenn der frische Fang von der Nacht eingebracht wurde. Dann stand Jock zwischen all den Männern und Frauen, die sich der vielen Zentner Fisch annahmen, in einem Bereich, der von durchdringendem Fischgeruch beherrscht war, und predigte das Evangelium. Als dies bekannt wurde, kamen auch viele andere, die mit der Fischerei nicht unmittelbar etwas zu tun hatten, in der Frühe herbei. Oftmals sammelten sich Tausende um den Evangelisten, unter dessen Verkündigung Menschen von ihrer Sündenschuld überführt wurden und vereinzelt sogar weinend zu Boden fielen. Hier gab es weder ein Management oder eine Werbung durch ein Komitee noch sonst irgendwelche organisatorischen Anstrengungen von Menschen. Dies war, daran gab es für Jimmy keinen Zweifel, schlicht das Wirken des Heiligen Geistes. Jock Troop lud Jimmy ein, sein Mitarbeiter zu werden. Und es zog den Jungen stark, diesem Ruf nachzukommen.

Wegweisung zum Kontinent

Doch Gott hatte andere Pläne für ihn. Er schickte Jimmy zwei junge Männer vom europäischen Kontinent über den Weg. Einer war ein Norweger, der für Gott nördlich des Polarkreises unter dem Volk der Lappen unterwegs war. Der andere kam aus dem damals noch selbständigen Lettland, einem der kleinen baltischen Staaten an der Ostsee. Enoch, der Norweger, war ein blonder Zwei-Meter-Riese mit einer Figur wie ein Kleiderschrank. Oswald aus Lettland war ein Junge von erst 15 Jahren, der in einem großen Missionszelt auftauchte, mit dem Jimmy gerade im Liverpooler Walton-District evangelisierte. Oswald war Schüler in London an Spurgeons Predigerseminar und machte gerade ein paar Tage Ferien. Jimmy lud ihn zunächst ein, mit nach Schottland zu kommen. Im Gespräch war ihm aufgefallen, was für eine schwere Last der 15jährige für die Evangelisation der überwiegend russischsprachigen lettischen Provinz Lettgallen auf dem Herzen hatte. Ebenso verhielt es sich mit Enoch und seiner tiefen Leidenschaft für die Menschen in Lappland. Von beiden bekam Jimmy einen deutlichen Ruf in die Missionsarbeit zu hören. Es handelte sich um reine Missionsgebiete, die noch zu Europa gehörten, und Jimmy wunderte sich selber, daß offenbar niemand Interesse daran zeigte.

»Wenn Gott zu dir gesprochen hat . . .«

Nachdem Oswald wieder nach London zurückgekehrt war, blieb Jimmy mit ihm in Verbindung. Kurze Zeit später, als er auf der zu den Orkneys gehörenden kleinen Insel Stronsay evangelisierte, geschah es Jimmy am Ende einer durchbeteten Nacht, daß Gott ihm innerlich klarmachte, sich nach Riga, der Hauptstadt Lettlands, aufzumachen. Am Abend desselben Tages erklärte Jimmy vor den Zuhörern der örtlichen Presbyterianischen Kirche, Gott habe ihm zu verstehen gegeben, daß er sich unverzüglich auf den Weg nach Riga in Lettland begeben solle, und deshalb müsse er seine Vortragsserie hier abbrechen. Die Älstesten der Gemeinde verkrafteten die Überraschung am schnellsten. Sie waren bibeltreue, gesegnete Männer Gottes und gewannen sofort den richtigen Durchblick. Sie erkannten, daß der junge Mann einen ganz besonderen Anstoß bekommen haben mußte, und machten ihm für seinen weiteren Weg Mut: »Jimmy, wenn Gott zu dir gesprochen hat, dann wirst du sicherlich gehen müssen!«

Verwandtschaftliche Vorbehalte

Um von der einsamen kleinen Insel Stronsay zurück nach Glasgow zu gelangen, brauchte Jimmy drei Tage. Daheim fiel es ihm nicht leicht, der Mutter und den Geschwistern den ungewöhnlichen Schritt zu erklären. Sie alle konnten nicht ohne weiteres nachvollziehen, daß Gott den Jimmy zu den slawischen Völkern gerufen haben sollte. Sie hatten lediglich vor Augen, daß Jimmy in Großbritannien gesegnete Dienste tun durfte. Die Mutter meinte, der Junge solle womöglich erst den nächsten Frühling abwarten. »Wenn es jetzt schon in Schottland so kalt ist«, überlegte sie, »wie kalt wird es dann erst an der Grenze nach Rußland sein?« Außerdem habe er seine Liebesgaben für die Außenmission bereits alle ausgegeben, und so müsse er doch erst wieder ein wenig Geld ansparen. Jimmy hingegen hatte den inneren Drang, nicht länger bleiben zu dürfen. Er hatte sich an dem Tag, da er den Seinen vom neuen Vorhaben erzählte, bereits für die Abreise in der kommenden Nacht fertiggemacht. »Er ist wieder mal nicht zu bremsen«, dachte die Mutter bei sich und unternahm einen letzten Vorstoß: »Bleib wenigstens noch diese Nacht hier und fahr morgen früh los.« Jimmy mochte ihr diesen Wunsch nicht abschlagen und blieb noch für die eine Nacht.

Tent Hall als »fröhliches Jagdrevier«

So ging Jimmy an diesem Abend noch einmal in die Glasgower Tent Hall, die inzwischen zu Schottlands größtem Evangelisationszentrum ausgebaut worden war. »Zelthalle« wurde der Bau deshalb genannt, weil er auf demselben Platz stand, auf dem viele Jahre zuvor große Zeltevangelisationen mit dem Evangelisten Dwight Lyman Moody und seinem Evangeliumssänger Ira D. Sankey eine neue Aera missionarischer Wortverkündigung in Schottland eingeläutet hatten. Die Christen der Stadt kauften seinerzeit jenen Platz für den Bau der Tent Hall mit dem Ziel, daß von hier aus eine segensreiche Arbeit weitergeführt werden sollte. Dies war für Jimmy heiliger Boden und gleichzeitig immer ein »fröhliches Jagdrevier« gewesen, seit er vom Tage seiner Bekehrung an selber immer wieder versucht hatte, Seelen für Jesus zu gewinnen.

Erinnerungen an erste Einsätze

Als er an diesem Abend vor seiner Abreise zum europäischen Festland die Tent Hall von weitem sah, überkamen ihn wunderschöne Erinnerungen. Er sah sich wieder mit 14 Jahren zwischen den evangelistischen Mitarbeitern eines Feldzuges marschieren und seine Texttafeln tragen. Damals zogen sie singend durch die Straßen, predigten unter freiem Himmel und luden die Bürger der Stadt zu den Abendveranstaltungen in der Halle ein. Für den Sonntagmorgen wurden alle Obdachlosen der Stadt zu einer kostenlosen Mahlzeit eingeladen. Es kamen an die 2000 Männer und Frauen, durchweg in abgerissener Kleidung und von ausgemergelter Gestalt. Und man beauftragte den Schüler Jimmy Stewart, diesen Menschen die frohe Botschaft zu sagen. Bei diesem Frühstücksgottesdienst tat der Herr viele Wunder. Und es war jetzt noch eine besondere Erinnerung für Jimmy, daß von diesen Menschen nachher viele aufgestanden waren und in das Lied mit eingestimmt hatten: »Es bedurfte eines Wunders, um meine Seele zu retten!« Jimmy hatte danach noch etliche weitere Veranstaltungen dieser Art in der Tent Hall erlebt und dabei die Botschaft vom Heil in Jesus Christus weitersagen dürfen.

»Junger Mann, du darfst nicht zögern!«

Nun ging er an diesem kalten Winterabend ein vorläufiges letztes Mal zu der Halle. Er hatte keine Ahnung, was für eine Art Veranstaltung gerade stattfand und wer dort sprechen sollte. Jimmy wanderte dorthin mit der stillen Frage im Herzen, ob Gott ihm wohl seinen Weg noch einmal klar bestätigen werde. Er hatte das innere Bedürfnis, daß der Herr ihm vor Antritt seiner großen Reise noch einmal den Glauben stärken möge. Leise und unbemerkt suchte sich Jimmy noch einen leeren Platz auf der Empore, als ein Engländer namens Strachan von der Lateinamerikanischen Mission angekündigt wurde. Der Mann war Jimmy völlig unbekannt. Der Mann begann davon zu berichten, daß er zunächst einen mehr oder weniger geruhsamen Dienst im Werk des Herrn getan habe, bis er dann von Gott zu einem sehr vielseitigen, weitreichenden und vor allem mit ausgedehnten Reisen verbundenen Dienst in Südamerika berufen worden sei. Plötzlich unterbrach Missionar Strachan seine Botschaft und rief, zum maßlosen Erschrecken von Jimmy, durch den Saal: »Hier ist ein junger Mann, den Gott zu einem ganz neuen Dienst in Ländern ruft, die ihm bisher unbekannt sind. Junger Mann, du darfst nicht zögern! Du mußt jetzt gehen! Sonst müssen Seelen sterben. Es mag dir völlig befremdend erscheinen: Aber ich sage dir noch einmal, daß du gehen mußt! Gehe hinaus in das Unbekannte, junger Mann! Gehe jetzt, und dein himmlischer Vater wird mit dir sein!« Jimmy wartete das Ende der Veranstaltung nicht mehr ab. Dieser Mr. Strachan kannte ihn nicht. So wußte er, daß Gott durch ihn gesprochen hatte. Draußen nahm er nicht die Straßenbahn. Innerlich erfüllt und erregt, ging er den ganzen Weg nach Hause zu Fuß und lobte Gott aus der Tiefe seines Herzens. Sein Glaube war gestärkt worden. Unterwegs zog ihm immer wieder der

Ausspruch von William Carrie durch sein Gedächtnis: »Wage große Dinge für Gott, erwarte große Dinge von Gott!«

Viele Jahre später traf Jimmy den Missionar Strachan in den USA wieder. Jimmy kam auf den bewußten Abend in der Tent Hall von Glasgow zu sprechen, und Mr. Strachan erinnerte sich daran: »Es war schon etwas Besonderes, wie der Geist Gottes mich an jenen Abend zwischenzeitlich von meinem Thema abbrachte und mich stattdessen seine eigene spezielle Botschaft sagen ließ. In dem Augenblick war ich mir bewußt, daß Gott etwas ganz Außergewöhnliches zu seiner Ehre vollbringen würde.«

Erste Schritte und Erweckung im Baltikum

Am nächsten Morgen stand Jimmy sehr früh und mit fröhlichem Herzen auf. Seine Mutter packte ihm liebevoll den Koffer. Um 6 Uhr kniete sie zusammen mit ihrem Sohn am Küchenherd und übergab ihn mit inbrünstiger Fürbitte ihrem Gott. Wie weit der Weg bis Lettgallen wirklich sein würde, war ihnen beiden nicht recht klar. Auch konnte niemand wissen, wie die Reise dorthin verlaufen würde und welche Verkehrsmittel zur Verfügung stehen würden. In jenen Tagen hatten noch nicht viele Menschen diese lettische Provinz an der Grenze zu Sowjetrußland besucht. Oswald aber war von dort herübergekommen nach England mit dem Ruf des Mannes aus Mazedonien auf den Lippen, und dieser Ruf hatte Jimmy Stewart, den gerade 20jährigen aus Glasgow, getroffen. Die Mutter küßte ihn zum Abschied und sagte: »Ich weiß, daß mein liebender himmlischer Vater dich versorgen wird und dich bei der Errettung von vielen Seelen gebrauchen will.«

Einkehr in Alnwick

Genau das erlebte Jimmy während der gesamten langen Reise über den europäischen Kontinent hinauf nach Riga. Zu der Zeit war Lettland noch selbständige Republik, heute gehört es zur UdSSR. Jimmy überstand die Reise ohne Schwierigkeiten. Er fand jeden Abend ein Dach über dem Kopf und auch genug zu essen. Mit einem besonderen Erlebnis daheim in Großbritannien hatte Gott seine Reise geistlich vorbereitet: Auf dem Weg von Northumberland in Richtung Süden machte er Station in der kleinen Stadt Alnwick, um eine Familie der »Versammlung ohne besondere Benennung«, in weiten Kreisen auch als »Exklusive Brüder« bekannt, zu begrüßen. Als Jimmy an die Tür klopfte und dem Vater des Hauses erzählte, daß er auf dem Weg war, um an der Grenze zu Sowjetrußland zu evangelisieren, leuchteten die Augen des älteren Bruders auf: »Das ist gut, Jimmy! Aber du solltest jetzt lieber etwas essen. Und dann haben wir für dich ein gutes Bett für die Nacht, bevor du morgen weiterziehst.«

Von treuen Geschwistern gesegnet

Der Bruder erwies sich in den Augen von Jimmy als ein heiliger Mann Gottes, der sofort verstand, daß Gott ihn gerufen hatte. Am nächsten Morgen kniete er bereits um 5 Uhr neben Jimmy und befahl ihn der Gnade und Fürsorge des ewigen Herrn an. Jimmy meinte plötzlich, da rede ein Prophet des Alten Testaments, als der Bruder ihn hinaus auf einen unbekannten Weg ohne Unterstützung einer Kirche, einer Missionsgesellschaft, eines Vorstands oder einer Einzelperson sandte und ihm Worte des Trostes und der Ermutigung zusprach: »Der Herr, unser Herr, wird selber mit dir sein wohin du gehst und in allem, was du tust!« Als Jimmy Abschied nahm, zog ihn die jüngste Tochter des Hauses zur Seite und brach in Tränen aus: »Jimmy, ich wünschte, ich könnte mit dir gehen. Ach könnte ich doch ein Missionar sein! Ich würde so gerne mit bis in die entferntesten Gebiete gehen, um das Evangelium weiterzugeben . . . aber es geht leider nicht. Ich habe Pflichten zu Hause. Letzte Nacht konnte ich nicht schlafen und habe die ganze Nacht für dich gebetet. Ich habe Gott gebeten, mir einige Bibelverse für dich zu geben, und ich habe sie dir hier auf ein Stück Papier geschrieben. Steck sie in deine Taschenbibel, und wenn du hungrig oder entmutigt oder einsam bist, dann schlag sie auf!«

Sprung in die eisige Kälte

Der Tiefpunkt kam schneller, als Jimmy geahnt hatte. Nach tagelanger Reise traf er in Riga ein und fühlte sich, sowohl körperlich als auch seelisch, total am Boden zerstört. Zum ersten Mal im Leben hatte er sein Heimatland verlassen und er befand sich völlig in der Fremde. Er kannte keine einzige Fremdsprache und konnte sich mit niemandem verständigen. Geschlafen hatte er die letzten zwei Tage und Nächte nicht mehr, da zum einen die Sitzbänke in den Zügen für ihn zu hart und zum anderen die Abteile durchweg überfüllt gewesen waren. Gegen 4 Uhr morgens traf der Zug in Riga ein. Draußen war es viel kälter, als Jimmy sich das in England je hätte zu dieser Jahreszeit vorstellen können, und so war er dafür auch nicht ausreichend warm gekleidet. Er schlang sich einen Schal um den Hals und bemerkte, daß sein Atem auf dem Stoff sofort zu feinen Eiskristallen gefror.

Hilferuf am Laternenmast

Infolge der Müdigkeit und des Sprachgewirrs in der Eisenbahn dröhnte Jimmys Schädel, und er fürchtete, der Kopf müsse ihm platzen. Sein Herz begann zu rasen – und dann war ihm plötzlich schwarz vor Augen. Als er wieder zu sich kam, hielt er sich an einem Laternenmast fest. Jimmy schrie zum Herrn: »O Gott! Ich bin hier völlig allein und fremd. Ich kenne niemand in der Stadt, und ich kann nicht mit den Menschen reden. Alles was ich weiß, ist, daß du mich hierher gesandt hast . . . Nun hilf mir bitte . . .!« Im gleichen Augenblick fiel ihm der Name von Pastor Wilhelm Malof-Fetler ein, von dem er vor Jahren bereits in einer christlichen Zeitschrift gelesen hatte. Dort hatte man ihn »den Spurgeon« und »den Wesley Rußlands« genannt. Und Jimmy wußte, daß er in Riga einem großen Evangeliumszentrum vorstand. So machte sich der junge Schotte dort in der lettischen Hauptstadt mit wankenden Beinen auf den Weg, um die Adresse von Pastor Malof-Fetler ausfindig zu machen. Jimmy glaubte, daß es Gottes Wille sei, mit diesem Mann Kontakt aufzunehmen. »Bitte, hilf mir, ihn zu finden«, flehte er weiter seinen Gott an.

»Mein Angesicht wird mitgehen«

Und auf einmal vernahm er die Stimme des Widersachers: »Was bist du für ein Dummkopf! Was willst du denn hier ausrichten? Warum gehst du nicht nach Großbritannien zurück?« Der Teufel lachte ihn aus. »Du weißt noch nicht einmal die Sprache. Und die einzige Person, die du in Lettland kennst, ist der Oswald Blumit, und du weißt nicht, wo er sich befindet. Außerdem ist Lettgallen noch ein weites, weites Stück von Riga entfernt. Schau dich doch bloß selber mal an: Du bist hungrig und hilflos, einsam und ohne Geld und frierst wie ein Schneider!« Plötzlich erinnerte Jimmy sich des Stückes Papier, das er in Alnwick in seine Taschenbibel gesteckt hatte. Die junge Schwester hatte gesagt: »Wenn du dich einsam und entmutigt fühlst, dann lies diese Verse!« Jimmy stellte sich in eine Hausecke, wo der Wind nicht so scharf pfiff und eine Gaslaterne in der Nähe war. Dann schlug er die Schriftstellen nach, und jede einzelne richtete ihn ein Stück weiter auf und gab ihm seine alte Kraft zurück: »Mein Angesicht wird mitgehen, und ich werde dir Ruhe geben!« (2. Mose 33, 14). »Gehe hin in dieser deiner Kraft . . . Habe ich dich nicht gesandt?« (Richter 6, 14). »Fürchte dich nicht, du vielgeliebter Mann! Friede dir! sei stark, ja, sei stark!« (Daniel 10, 19). »Siehe, ich bin bei euch alle Tage bis zur Vollendung des Zeitalters« (Matthäus 28, 20).

Empfang mit Zurückhaltung

Jimmy sagte dem Teufel, er sei ein Lügner, und erhob sein Herz, um Gott zu preisen. Mit klarem Kopf und leichtem Herzen zog er in die fremde Stadt hinein und erlebte während der nächsten Stunden eine Führung, die er als übernatürlich empfand. Er landete nicht bei Wilhelm Malof-Fetler, sondern bei dessen Bruder Robert, der zu jener Zeit Pastor der Baptistengemeinde von Riga war. Dort wurde Jimmy freundlich aufgenommen. Man gab ihm reichlich zu essen und zu trinken und ein warmes Bett, in dem er zunächst einmal rund um die Uhr ausschlafen durfte. Als er am nächsten Tag Pastor Wilhelm Malof-Fetler kennenlernte, betrachtete der ihn zunächst einmal ziemlich skeptisch. Jimmys Geschichte schien zu phantastisch, um wahr zu sein: Ein junger Kerl, unbekannt und von niemand eingeladen, trifft in einer fremden Stadt ein, ohne auch nur ein Wort lettisch oder russisch zu können. Wilhelm Malof-Fetler fragte den so jugendlich wirkenden Gast: »Was hat dich hierher getrieben?« Jimmy: »Gott hat mich hergesandt.« Der Pastor: »Woher weißt du das? Wie ist dir das klargeworden?« Jimmy: »Der Geist Gottes hat es mir klar gemacht!«

Vorsichtig aus Erfahrung

Die Miene des »Spurgeon von Rußland« wurde zunächst immer abweisender. Doch einige Tage danach kam sein Bruder Robert auf Jimmy zu und rang ein wenig die Hände. »Bruder Stewart«, begann er, »mir liegt deines unerwarteten Besuches wegen etwas auf dem Herzen – ich wollte zuerst sicher sein, daß hier nicht etwas passieren würde, das sowohl für uns und die Gemeinde als auch für dich nicht gut gewesen wäre . . . Aber nun ist uns vor dem Herrn ganz klar geworden, daß du wahrhaftig von Gott zu uns gesandt worden bist.« Dann erzählte er, daß seine Gemeinde seit vielen Jahren um eine Erweckung in ihrer Mitte betete, manchmals bis zu hundert Menschen bis gegen drei Uhr morgens. An einem Tag habe Gott ihnen klargemacht, daß einmal ein Fremder in ihre Mitte kommen und eine mächtige Ernte einbringen werde. »Sieh mal, Bruder Stewart, nun hat der Geist Gottes mir und auch einigen anderen Brüdern innerlich zu erkennen gegeben, daß du dieser Fremde bist. Während du dich die ersten Tage hier ausgeruht und erholt hast, sind wir zu einigen Brüdern zusammengekommen, und wir wissen jetzt, daß wir vor dem Anfang einer starken Bewegung des Geistes Gottes stehen.«

Zunächst nur fünf Minuten Sprechzeit

Noch am Abend desselben Tages kamen viele Glaubensgeschwister aus der Baptistengemeinde zum Gebet zusammen und flehten zum Herrn, daß er seine Sache vorantreiben möge. In den Gebeten kam deutlich eine Ahnung zum Ausdruck, daß eine mächtige Erweckung bevorstand. Nur Pastor Wilhelm Malof-Fetler sah die Dinge mit größerem Abstand und sorgte auch dafür, daß der junge Gast aus Schottland zunächst in der Gemeinde nicht mehr vorzubringen hatte als eine kurze Begrüßung und Vorstellung in einer Gebetsgruppe. Jimmy durfte jeden Abend etwas in der »Golgatha-Gemeinde«, wie die Baptisten von Riga ihre Versammlung nannten, sagen und jedesmal genehmigte man ihm fünf Minuten Sprechzeit mehr. Erst ein knappe Woche später hatte auch von dem in seiner Natur übervorsichtigen Pastor Wilhelm Malof-Fetler die Überzeugung Besitz ergriffen, daß Gott dabei war, ein großes Werk zu beginnen. Malof-Fetler bat Jimmy, in der »Golgatha-Gemeinde« bei seinem Bruder Robert mit der Verkündigung zu beginnen und dann zu ihm in seine Kirche zu kommen. Doch Jimmy hatte sich bereits mit Pastor Robert Fetler und den »Golgatha«-Geschwistern geeinigt, daß er vorerst nur bei ihnen predigen würde.

Veranstaltungen über Mitternacht hinaus

Das Versammlungshaus der »Golgatha-Gemeinde« war einst eine russisch-orthodoxe Militärkirche für die Soldaten des Zaren gewesen. Jetzt war es mit geistlichem Leben erfüllt. Jeden Abend drängten sich an die 1200 Menschen hinein, um die rettende Botschaft von Jesus Christus zu hören und sich ganz dem Herrn und Heiland auszuliefern oder aber ihm das Leben aufs neue zu weihen. Zu Ende gingen diese Veranstaltungen durchweg nicht vor Mitternacht, mehrfach dehnten sie sich auch bis morgens gegen 3 Uhr aus. Sonntags predigte Jimmy am Vormittag, und am Abend wurde er erneut gerufen: »Komm herüber, unsere Kirche ist überfüllt, die Menschen warten auf dich.« Dann setzte er seine Verkündigung so, wie der Herr ihm das Wort ins Herz gab, fort. Auch diese Zusammenkünfte endeten selten vor 1 Uhr in der Nacht.

Feuer Gottes in der Seele

Dann holte Pastor Wilhelm Malof-Fetler den Bruder aus Schottland an die noch größere Baptistengemeinde in Riga in deren Haus, das sie ihren »Heilstempel« nannten. Über diesen Pastor, den bekannteren der beiden Brüder, hatten die »Golgatha«-Geschwister ihrem Gast bereits eine Menge erzählt. Wilhelm Malof-Fetler – ein Riese, der alle slawischen Prediger um Schulter und Kopf überragte – war als Student an Spurgeons Seminar in London als offizieller Russisch-Übersetzer bei der damaligen Welt-Baptistenkonferenz eingesetzt worden. Außerdem hatte er die große Erweckung von Wales miterlebt und dort Unbeschreibliches erlebt. Dabei hatte er auch den Erweckungsprediger Evan Roberts persönlich kennengelernt und sich mit ihm eng angefreundet. Nach den Erfahrungen von Wales war Wilhelm Malof-Fetler nicht mehr derselbe wie vorher. In seiner Seele brannte ein Feuer Gottes, das ihn trieb, nächtelang vor seinem Herrn auf den Knien zu liegen und um eine große Erweckung im zaristischen Rußland zu schreien. Gott hatte ihn erhört. Wo Wilhelm Malof-Fetler später in Rußland das Evangelium mit Vollmacht weitersagen durfte, kam es zu großen Bußbewegungen in der Bevölkerung. Spurgeons Sohn Thomas kommentierte das später einmal so: »Wenn meines Vaters Seminar nichts anderes hervorgebracht hätte als nur den Pastor Wilhelm Malof-Fetler, dann wäre das bereits die Existenz des Seminars wert gewesen . . .«

Dienste im »Heilstempel« rund um die Uhr

Angesichts dessen, was sich dann durch Gottes Wirken und den Einsatz von Jimmy Stewart in Riga abspielte, wurde Wilhelm Malof-Fetler mehrfach an die Erweckung von Wales erinnert. Es waren zwar nicht mehr jene unfaßbaren Menschenmengen, die zusammenkamen und ihre Herzen Jesus übergaben. Doch waren es durchweg mehr als 2000 Männer, Frauen und Kinder, die über

Wochen und Monate täglich im »Heilstempel« zusammenkamen und in tiefer Ehrfurcht die Majestät und Heiligkeit Gottes empfanden. Jimmy glaubte hier erstmalig mit eigenen Augen zu sehen, was die Bibel als »Freiheit des Geistes« versteht: Viele Veranstaltungen dauerten rund um die Uhr an, nachts um 2 Uhr waren genau so viele Menschen unter dem lebendigen Wort wie nachmittags zur gleichen Uhrzeit. Vom »Heilstempel« in Riga ging ein Feuer aus, das zahlreiche andere Christengemeinden in ganz Lettland entzündete. Über kurz oder lang fingen sie alle zu der Zeit an, Bibelwochen und Evangelisationen anzuberaumen. Die Bewegung ging nach Lettgallen hinein und bis knapp vor die Grenzen zum Sowjetreich.

Auftrag bei Fasten und Beten erkannt

Nach Monaten des Dienstes sah Jimmy sich innerlich gedrängt, an einem Sonntagvormittag die große Versammlung zu verlassen. Die anderen Geschwister blieben zusammen. Die Gegenwart Jesu Christi war unter ihnen so wirklich und herrlich, daß es sie beieinander hielt und sie die Veranstaltungen immer wieder bis zur äußersten Grenze ausdehnen ließ. Jimmy aber ging in die Stille, um allein mit seinem Herrn zu reden. Dabei wurde ihm klar, daß er seinen Dienst nicht mehr ganz zwei Wochen lang in Riga tun und anschließend in andere Länder Osteuropas reisen sollte. Für einige Tage in der Woche fastete und betete er, dann erkannte er den Auftrag, am nächsten Sonntag noch einmal im »Heilstempel« zu predigen. Der Gottesdienst begann um 14 Uhr und endete erst abends nach 11 Uhr. Als Jimmy die Einladung aussprach: »Kommt nach vorn und macht eure Sache mit dem Herrn Jesus ganz fest«, da knieten eine Minute später rund 300 Menschen auf dem Podium.

Auf zu den slawischen Völkern!

Die Erweckung in Lettland war der Beginn von Jimmys Dienst unter den slawischen Völkern entlang der Grenze zur Sowjetunion. An vielen Stellen traf er kleine Gemeinden mit ihren Ältesten und Predigern an, die ihren Zeugendienst begrenzt und im Stillen und in aller Schwachheit aufrechterhielten. Schnell hatte sich unter ihnen herumgesprochen, daß da ein sehr junger Bruder aus Schottland unterwegs sei und auf ebenso temperamentvolle wie unkonventionelle Weise in großer Vollmacht das Evangelium von Jesus Christus verkündige. Wenn der 20jährige James Stewart dann erschien, nahmen sie ihn mit Freuden auf und durften erleben, wie Gott ihn mächtig gebrauchte, evangelistische Anstöße, Ermutigung und Erweckung auszubreiten.

Herz in Ungarn verloren

Über mehrere Jahre spielte Jimmy Stewart in Osteuropa den Rumtreiber Gottes. Bald kannte man ihn unter den Christen wie auch in den Behördenstuben von Finnland bis hinunter nach Griechenland und so ziemlich allen dazwischenliegenden Nationen: Estland, Lettland, Litauen, Polen, Tschechoslowakei, Österreich, Ungarn, Jugoslawien, Rumänien und Bulgarien. Auch tat er unter den Ruthenen im Grenzgebiet zwischen Nordostungarn und der russischen Ukraine seinen Paulus-Dienst: Wo er auftauchte, trat er für das Evangelium ein, befestigte er die Brüder im Wort Gottes und im Glauben, verkündigte er den Gott Fernstehenden die in Jesus Christus geoffenbarte Liebe des himmlischen Vaters sowie die uneingeschränkte Wahrheit und Zuverlässigkeit der Bibel.

Bei der Southern Baptist Convention

Sein Herz aber verlor er an Ungarn und seine Menschen. Insbesondere die Hauptstadt Budapest hatte es ihm angetan. Dort traf Jimmy Gotteskinder aus allen möglichen Nationen, die Missionsarbeit taten, und auch zahlreiche wiedergeborene Christen aus dem Volk der Magyaren. Es war im Jahre 1937, als Gott ihm hier die Frau fürs Leben über den Weg führte. Die amerikanische Southern Baptist Convention unterhielt in Budapest ein Predigerseminar, und die beiden aus den Vereinigten Staaten mit herübergekommenen Missionarinnen Ruth Mahan und Maude Cobb leiteten eine von ihnen eingerichtete und organisierte, mit dem Seminar in Verbindung stehende Mädchenbibelschule. Jimmy tat viele Verkündigungsdienste unter den Ungarn und ließ sich zwischendurch immer wieder in der Mission bei den amerikanischen Baptisten sehen.

Plötzlicher Heiratsantrag

Die beiden jungen Bibellehrerinnen nahmen den temperamentvollen Schotten eines Tages in die Mitte und zeigten ihm die Stadt Budapest mit all ihren Sehenswürdigkeiten. Sie merkten bald, daß dies ein Mann war, zu dem man schnell einen natürlichen Herzenskontakt fand. Nur wenn er den Mund auftat und seinen ausgeprägten schottischen Akzent hören ließ, hatten die beiden Amerikanerinnen Schwierigkeiten, ernst zu bleiben. Kurze Zeit später erschien Jimmy an einem Dienstagmorgen in der Mission der Southern Baptist Convention, weil die beiden Lehrerinnen ihn gebeten hatten, in der Mädchenbibelschule die Morgenandacht zu halten. Nach der Andacht hatte Maude Cobb eine Unterrichtsstunde zu geben, und Jimmy hatte erstmals Gelegenheit, mit Ruth Mahan allein zu sprechen. Und wie es seine Art war, kam er sofort zur Sache. »Ruth«, begann er mit überaus ernster Miene, »ich glaube . . . ich kann da nicht so hundertprozentig sicher sein . . . aber ich glaube, der Herr hat mir klargemacht, daß du meine Frau werden sollst!« Ruth wäre beinahe in Ohnmacht gefallen.

Überspannt und ein wenig verrückt

Sie hielt ihn im ersten Augenblick für überspannt und ein wenig verrückt. Daß er ein impulsiver Mensch war, hatte sie längst bemerkt. Aber daß er auf solche Weise handelte, bevor er sein Gehirn eingeschaltet hatte, das warf die Amerikanerin fast um. Erst viel später, als sie ihn besser kennenlernte, mußte Ruth herausfinden, wieviele Wochen und oftmals Monate er bestimmte Entscheidungen, bevor er sie in die Tat umsetzte, im Gebet vor Gott bewegte. So hatte er es auch mit der Frage nach einer Ehefrau gemacht. Daß er eine solche mit nunmehr 27 Jahren brauchte, war ihm inzwischen keine Frage mehr. Wieso für ihn an den Hunderten von Plätzen, wo er in ganz Europa immer wieder bei Christen eingekehrt war und als Gast gewohnt hatte, keine der vielen lieben gläubigen Töchter in Frage gekommen war – das bleibt Gottes Geheimnis.

»Das ist sie«

Als Jimmy begonnen hatte, mit seinem Gott um eine »Gehilfin«, eine Mitstreiterin und Mitarbeiterin im Dienst am Evangelium zu ringen, hatte er sich am Ende eines jeden Gebets, das er dieserhalb vorgebracht hatte, an Psalm 37, Vers 4 geklammert: »Habe deine Lust am Herrn; der wird dir geben, was dein Herz wünscht!« Während eines Fluges von Bulgarien nach Budapest gab Gott ihm deutlich zu verstehen, daß er in der ungarischen Hauptstadt seinen Ehepartner finden würde. Und als er der amerikanischen Lehrerin Ruth Mahan begegnete, da war dieser gestandene Diener Gottes sehr wohl imstande, in sich selbst die Sprache seines Herzens und die Sprache des Geistes Gottes voneinander zu unterscheiden. Da wußte er genau, daß es der Geist Gottes war, der ihm klar sagte: »Das ist sie.«

Die Botschaft in den Eheringen

Ein Jahr später legten sie ihren Hochzeitstermin auf den 23. Mai fest. Kurz zuvor ging Jimmy in ein Juweliergeschäft und bestellte die Eheringe. Dann sagte er zu seiner Braut: »Ich habe in die Ringe ›Kolosser 1, 18‹ eingravieren lassen.« Sofort holte sie es aus ihrem Gedächtnis hervor, daß dort von Jesus Christus die Rede ist: ». . . auf daß Er in allen Dingen den Vorrang habe!« Jimmy fragte sie mit Bezug auf seinen Gravurauftrag: »Weißt du, was das für uns bedeutet?« »Ich nehme es an«, antwortete Ruth, war sich aber gar nicht so sicher, ob sie es wußte. »Es bedeutet«, sagte Jimmy, »daß in allen Dingen und in jeder Sache, die uns im täglichen Leben begegnet, der Herr Jesus den ersten Platz haben soll!« Im selben Augenblick wußte sie, daß es eigentlich keines Ringes bedurfte, um ihn täglich an so etwas zu erinnern. Jesus auf dem ersten Platz, das war in seinem Herzen zu tief verankert wie im Himmel. Sie heirateten in der Schottischen Juden-Mission in einem Saal, der für 250 Menschen Platz bot. Mutter Agnes Stewart kam eigens zu diesem Termin aus Schottland nach Budapest gereist.

Kriegsausbruch und Martyrium

1939 brachen die Kriegswirren über Europa herein. Jimmy und seine junge Familie, eine kleine Tochter namens Sheila war bereits angekommen, hielten sich gerade im Baltikum auf, als die Sowjetarmeen nach Lettland, Estland und Litauen einmarschierten, und mußten sich eilig auf die Flucht machen. Bald darauf hörten sie, daß die Kommunisten systematisch damit begonnen hatten, alle Kirchen zu zerstören und die Pastoren zu töten oder nach Sibirien zu schicken. Einer jener Märtyrer um Christi willen war auch Pastor Robert Fetler aus Riga, den sie abtransportierten und der in den unendlichen Weiten Sibiriens sein Leben ließ. Als Jimmy später zu Ohren bekam, wieviele Hunderttausende aus den osteuropäischen Völkern den Krieg nicht überlebt hatten, zog bei aller Trauer und Bedrückung eine stille Freude durch sein

Herz. »Herr, ich danke dir, daß ich der Stimme deines Heiligen Geistes gehorcht habe und ihnen dein Evangelium bringen durfte . . .«

Massaker in Lidice

Jimmy sah die unausweichlich herannahende Gefahr und zog mit seiner Familie zurück nach Großbritannien. Hier traf er zwei bekannte Gesichter wieder, die er von seiner Arbeit in der Tschechoslowakei her kannte, nämlich die beiden ranghöchsten Mitglieder der in London gegründeten tschechoslowakischen Exilregierung, Staatspräsident Eduard Benesch und Außenminister Jan Masaryk. Die Begrüßung durch die beiden war herzlich, aber keineswegs fröhlich. Den Politikern stand das blanke Entsetzen in den Gesichtern, als sie Jimmy von dem Massaker in dem 500-Einwohner-Dorf Lidice erzählten. Tschechische Widerstandskämpfer hatten Reinhard Heydrich, den Stellvertretenden Reichsprotektor von Böhmen und Mähren, in Prag durch ein Attentat umgebracht. Dafür übten die Nationalsozialisten blutige Rache, indem sie sämtliche Männer von Lidice töteten sowie alle Frauen und Kinder in die Konzentrationslager schickten. Lidice lag in der Nähe der Stadt Kladno, in der Jimmy Stewart noch kurz vor seiner Ausreise aus der Tschechoslowakei evangelisiert hatte.

Erste Reisen in die Neue Welt

Die Nachricht über die Festnahme seines jüngsten Bruders Douglas, der mit ihm in Osteuropa die Botschaft vom Kreuz ausgebreitet hatte, durch die Nazis traf Jimmy nicht wesentlich härter als alles andere, was er an Horrormeldungen aus den ihm persönlich so vertrauten Ländern mitgeteilt bekam. »Wie kann ich da ruhig bleiben«, weinte er, »die vielen Millionen Europas, für die Jesus Christus starb – das waren meine Leute!« Zwischen 1940 und 1945 reiste Jimmy mit seiner Familie, in der sich bald noch ein kleiner Sohn anmeldete, mehrfach nach Kanada und den Vereinigten Staaten. Hier traf er kleine und große und sehr große Christengemeinden an, vor allem bei den Baptisten, von denen seine Frau Ruth kam. Jimmy sah, wie viele andere jener Zeit auch, das Ende des Krieges in Europa voraus und begann frühzeitig, die Christen zur Missionsarbeit auf dem zerstörten

Alten Kontinent zu ermutigen und Spenden für hilfsbedürftige Kriegsopfer sowie für die Arbeit an der Verbreitung des Evangeliums zu sammeln.

NACHRICHTEN AUS EUROPAS CHRISTEN-UNTERGRUND

In Amerika nahm Jimmy, wo er nur konnte, direkte Kontakte mit Volksgruppen aus jenen Ländern auf, die ihm fast zur zweiten Heimat geworden waren. Hier erfuhr er unter anderem von einer christlichen Untergrundbewegung in der Tschechoslowakei: Ein tschechischer Geschäftsmann hatte unter seinen Berufskollegen, die wie er Jesus als ihren Herrn liebten, 99 ausfindig gemacht, die mit ihm einen Geheimhaltungseid schworen, sich dann Hausierertaschen mit allerlei Waren anschafften und die untersten Fächer der Taschen mit Bibeln vollstopften. Diese Bibeln waren unter der Nase der Geheimen Staatspolizei in Berlin gedruckt worden. Die gläubigen Geschäftsleute marschierten dann in allen möglichen Städten ihres Heimatlandes von Tür zu Tür und verkauften Bibeln in der Landessprache zum Herstellungspreis. Der schmucke Goldschnitt und auch der reich verzierte Aufdruck »Heilige Schrift« in Gold hatten ihren besonderen Hintergrund: Hunderte von Schwestern aus Christengemeinden in der Tschechoslowakei hatten zuvor ihre goldenen Ringe und andere Schmuckstücke hergegeben, damit sie eingeschmolzen und für die Herstellung der Bibeln verwendet werden konnten.

WIE DIE GLOBAL OUTREACH MISSION ENTSTAND

Drüben in der Neuen Welt schlossen sich auch die ersten Mitarbeiter dem schottischen Evangelisten an, um mit ihm für die Ausbreitung der biblischen Botschaft einzustehen. Die erste Gruppe formierte sich 1943 in Kanada, ein Jahr später kamen in den USA weitere Glaubensgeschwister hinzu. Sie begannen, den European Evangelistic Crusade (Europäische Evangelistische Mission) aufzubauen, aus der später die Global Baptist Gospel Project Missions, Inc. sowie die Global Outreach Mission Inc. als zwei selbständige Gesellschaften hervorgingen. Erstere legt einen besonderen Schwerpunkt auf die Herstellung und Verbreitung erwecklicher Literatur. Die in Buffalo im US-Bundesstaat New York ansässige, von dem 1930 geborenen Dr. James O. Blackwood erweiterte und ausgebaute Global Outreach Mission hat bis heute mehr als 250 Missionare in 26 Länder der Erde ausgesandt, um das Evangelium zu verbreiten.

Die Euro Ruf Mission in Deutschland

Der deutsche Zweig von Global Outreach, seit drei Jahrzehnten in der Bundesrepublik tätig, ist die Euro Ruf Mission im nordhessischen Schwalmstadt-Treysa. Ihre Arbeitszweige sind die Verbreitung christlicher Literatur, die Unterhaltung evangelikaler Kindergärten, Bibelfreizeiten, missionarische »Unterwegs«-Einsätze für junge Christen mit Schwerpunkt in Südtirol, Missionsdienst an ausländischen Mitbürgern und insbesondere Asylanten sowie eine Bibelschule fundamentalistisch-theologischer Prägung. Das Euro-Ruf-Zentrum befindet sich nur etwa 20 Kilometer von Schwalmstadt-Treysa entfernt auf dem höchsten Punkt des Knüllgebirges, dem 634 Meter ü. M. liegenden Knüllköpfchen. Hier befinden sich die Freizeithäuser auf einem Hochplateau, von dem aus bei klarer Sicht ein Rundblick mit einem Radius von 120 Kilometern möglich ist. Hier studieren auch am Euro-Seminar, Bibelschule Hoher Knüll, junge Christen das Wort Gottes, um sich für Dienste im Weinberg Gottes ausrüsten zu lassen und später gegebenenfalls den Spuren des Missionsgründers James Stewart zu folgen. Wie der schottische Evangelist auch, arbeiten die Euro-Ruf-Mitarbeiter im Sinne evangelischer Allianz mit allen wiedergeborenen und nüchtern im Glauben stehenden Gotteskindern sowie allen bibeltreuen Christengemeinden und Missionswerken zusammen.

Neue Wege zum Kontinent vorbereitet

Zu Weihnachten 1945 saß die ganze Familie Stewart in Glasgow wieder beieinander. Auch Douglas, der jüngste Bruder, war nach fast fünfjähriger Gefangenschaft heimgekehrt. James und Ruth hatten ihre sechsjährige Sheila und Little-Jimmy, der gerade zwei Jahre alt geworden war, bei sich. (Später, in den 50er Jahren, kam zur Familie von James und Ruth noch eine Tochter hinzu.) Das Familientreffen feierten sie in Glasgow nur ganz kurz. Dann stürzten sie sich in die Arbeit, denn sie hatten ein weitgehend klares Bild davon, wie es zu der Zeit in Europa aussah und welcher Dienst geistlicher wie auch sozialer Hilfeleistung vor ihnen lag. Nahrung, Kleidung, Medikamente und Bibeln in vielen Sprachen wurden zusammengestellt. James bereitete eine neue Reise nach Ungarn vor. Ihn zog es mit aller Macht in sein geliebtes Budapest, um sich der notleidenden Menschen dort anzunehmen. Vor allem Lebensmittel für sie aufzutreiben, war mehr als schwierig, weil auch auf den britischen Inseln alles rationiert wurde.

Nachkriegswege durch die Tschechoslowakei

Als James Stewart in London ankam, mußte er mit Bestürzung feststellen, daß es keine einzige zivile Verbindung mehr zum Kontinent hinüber gab, weder zu Wasser noch in der Luft. Alles stand unter Kontrolle des Militärs und für alles brauchte man dessen Genehmigung. Wenn James zusammen mit Londoner Freiversammlungsmissionaren irgend etwas an kleinen Einsätzen unternehmen wollte, brauchten sie bis zu 20 verschiedene Erlaubnisse. Unter diesen Bedingungen richtete Stewart seinen Blick um so entschiedener nach Osteuropa. Sein erstes Hauptziel war, von Budapest aus geradewegs durch Polen und die Sowjetunion bis nach Moskau zu gelangen und darüber hinaus bis nach Zentralasien, um überall das Evangelium zu predigen. Insbesondere verlangte ihn auch danach, die Gläubigen in der Sowjetunion kennenzulernen. Aber sein erster Weg von Ungarn aus sollte, so hoffte James Stewart, in die Tschechoslowakei führten. Der Präsident und der Außenminister waren bereits nach Prag zurückgekehrt und hatten noch in London dem Evangelisten versprochen, daß sie ihm nach Kriegsende den Weg in ihr Land sofort öffnen würden.

Platz in Flugzeug nach Prag gefunden

Ruth und die Kinder hatte James sicherheitshalber bei der Mutter in Glasgow zurückgelassen. In London entschloß er sich, zunächst einmal Prag anzusteuern, und marschierte täglich zur tschechoslowakischen Botschaft, bei der er in Prag um Einreiseerlaubnis hatte anfragen lassen. Nach Wochen war es endlich so weit. Der Botschafter des Landes rief James an und teilte ihm mit, die Einreisegenehmigung sei angekommen und Präsident Benesch persönlich habe ihm einen Platz in einer Militärmaschine reservieren lassen, die nach Prag fliegen sollte. James empfand dies angesichts der nur noch wenigen vorhandenen Flugzeuge und der vielen einflußreichen Leute, die um einen Platz in einem solchen Flugzeug kämpften, als einen besonderen Sieg des Herrn, der ihn erneut mit der frohen Botschaft zu den Menschen hinaussandte.

Rückkehr am Neujahrstag 1946

Am Neujahrstag 1946 rumpelte der alte Bomber nahe London über die Startpiste. Zwischen vielen Kisten und Gerätschaften hatte James direkt hinter dem Durchgang zum Cockpit ein Plätzchen gefunden und sich zunächst flach auf den Bauch gelegt. Dabei wurde er sofort reisekrank. Als das alte Flugzeug eine kurze Weile bereits in der Luft war und der Pilot hinter sich seinen Passagier mit grünlicher Gesichtsfarbe aufstehen sah, erbarmte er sich seiner und lud ihn ein, neben ihm auf dem leeren Copilotensitz Platz zu nehmen und sich die Kopfhörer überzustülpen. Hier ging es James bald besser, und er bestaunte die Fluten des Ärmelkanals unter sich. Noch interessanter wurde es über dem Festland, und noch mitten über Westdeutschland fing der Pilot Radio Prag mit der Antenne ein. James' Erregung wuchs ständig. Unter sich sah er zahllose völlig zerstörte deutsche Städte, und aus der Ferne tönten ihm Musik und Bekanntmachungen aus Prag entgegen. Als die Maschine zum Landen ansetzte, vergaß er über aller Wiedersehensfreude seine Angst und seine Übelkeit. War es ein Traum oder Wirklichkeit, daß er zu seinen geliebten Brüdern und Schwestern des Glaubens in der Tschechoslowakei und in Ungarn zurückkehren durfte? Seine Erregung war so stark, daß er zeitweise fürchtete, sein Herz müsse zerspringen.

Sofort Evangelisation geplant

Dann sprang James aus dem Flugzeug, schüttelte dem Piloten dankbar die Hand und traf wenige Minuten später am Ausgang des Flugplatzes einen jungen uniformierten Mann, der mit einem Jeep auf ihn wartete und ihn in die Stadt brachte. Auf schnellstem Wege begab James sich zu einer Christengemeinde. Im Hause des Pastors, das er jetzt ansteuerte, hatten er und Ruth und noch eine andere Missionarin 1939 gewohnt, als Hitler und seine Truppen in Prag einmarschierten. In jenen Tagen der Besetzung hatten sich der Prediger und seine Familie als sehr stark und gelassen erwiesen. Eine der wenigen Bomben, die auf die tschechoslowakische Hauptstadt gefallen waren, hatte genau dieses Pastorenhaus getroffen. James konnte die Familie bald in einer anderen Unterkunft ausfindig machen, und seine Freude und Erleichterung kannten keine Grenzen, als er die lieben Geschwister nach so viel Leiden und Verfolgung wieder gesund und munter vorfand. James war noch keine halbe Stunde in der Wohnung der Familie, da hockten er und der Pastor bereits zusammen und schmiedeten eifrig Pläne für die Evangelisation des von ihnen beiden so geliebten Landes, wobei sie sogleich zahlreiche Großstädte in anderen Ländern Osteuropas in ihre Überlegungen einbezogen.

Europa in zwei Blöcken

Nichts war mehr so wie früher. Der Zweite Weltkrieg hatte alles auf den Kopf gestellt. Die bis dahin unabhängigen Staaten Estland, Lettland und Litauen waren in die Sowjetunion einverleibt worden. Im Süden vereinigte man Kroatien, Serbien und Montenegro in der kommunistisch gelenkten Jugoslawischen Republik. In Polen, der Tschechoslowakei, Ungarn und der damals so genannten deutschen Ostzone zwischen der Elbe und der Oder-Neisse-Linie nahmen Macht und Einfluß Sowjetrußlands unaufhaltsam zu. Die Machtsphären des Ost- und des Westblocks verhärteten sich immer mehr. Man richtete ideologische und gesellschaftliche Gegensätze auf. Die gesamte politische Struktur Europas war nicht wiederzuerkennen. Zwischen Oslo und Neapel, Wien und Paris setzte ein großer Besinnungsprozeß ein und man fand zu freiheitlich-demokratischen Lebensordnungen zurück. Im anderen Teil Europas und über ganz Asien hinaus bis nach Wladiwostok gewann eine neue Großmacht die Oberhand. Mitten unter all diesen Menschen lebten zahllose Christen, die von ihrer Liebe zu ihrem Erretter Jesus Christus nicht lassen wollten, und um sie her zahllose Seelen, die in dämonisch-ideologischer Verblendung dem ewigen Tod entgegengingen.

Wiedersehen mit Senator Vojta Benesch

James Stewart machte sich auf die Suche nach Eduard Benesch und fand zunächst seinen Bruder, den Senator Vojta Benesch, mit dem er in England so viel Kontakt gehabt und der auch seine evangelistischen Veranstaltungen besucht hatte. Es gab ein herzliches Wiedersehen, und der Missionar bedankte sich bei dem Politiker für seines Bruders unmittelbare Hilfe. Ohne Benesch hätte James wohl kaum in jenen turbulenten Zeiten in die Tschechoslowakei zurückkehren können. Früher in London bereits hatte sich zwischen ihnen eine Art menschliches Vater-Sohn-Verhältnis entwickelt. Denn beide, Vojta Benesch und James

Stewart, hingen, jeder von seinem Standpunkt her, mit einer unbeschreiblichen Liebe an demselben Land und seinen Menschen. Während er im Exil lebte, beschränkte Vojta Benesch sich bei der Aufnahme von Nahrung oftmals über Wochen auf ein Minimum. Und wenn er, James hatte das selber miterlebt, von einer Gastgeberin zum Essen genötigt wurde, sagte er: »Wie kann ich essen, wenn meine Leute verhungern? Wie kann ich schlafen, wenn meine Leute aus den Häusern getrieben werden und keinen Frieden haben!«

Begrüssung über Rundfunk und Presse

Seinerzeit hatte Vojta Benesch in London mehr als einmal die Botschaft von der ewigen Erlösung in Jesus Christus gehört. Wieviel er davon wirklich ins Herz aufgenommen hatte, fand James nie ganz heraus. Aber Vojta Benesch sagte im Blick auf die sich durch die Sowjets verändernden Verhältnisse oftmals: »Wer frei sein will, darf keine Angst vor dem Teufel haben.« Nach James' Rückkehr in die Hauptstadt Prag sorgte Vojta Benesch dafür, daß der nationale Rundfunksender dem Evangelisten aus Großbritannien einen öffentlichen Willkommensgruß entbot, der von beiden Benesch-Brüdern Eduard und Vojta gesprochen wurde. Einem gleichartigen Willkommensgruß für James Stewart widmete eine tschechische Soldatenzeitung, damals eines der einflußreichsten Organe im Land, eine ganze Titelseite. Doch was sein Herz am meisten bewegte, war das Wiedersehen mit Hunderten von Bürgern des Landes, die in der Öffentlichkeit so gut wie niemand kannte, deren Namen aber im Himmel angeschrieben waren. Bei den erneuten Zusammenkünften mit Glaubensgeschwistern flossen manche Tränen der Freude.

Ermutigung und Stärkung in Brünn

Von Prag aus reiste James nach Kuttenberg in Böhmen und dann weiter in den Süden nach Brünn, der Hauptstadt von Mähren und zweitgrößten Stadt der Tschechoslowakei. Wie hier, so traf er zahlreiche Brüder und Schwestern in Christo auch an der Donau in Preßburg, der Hauptstadt der Slowakei. Von dort aus wollte James weiter nach Ungarn ziehen. In Brünn jedoch hielt er sich ein wenig länger auf. Hier machte er ungefähr den zehnten Besuch, nachdem er das erste Mal diese Stadt besucht und eine kleine Christengemeinde angetroffen hatte, die gerade dabei war, wegen Mangel an Mitgliedern und Interesse ihre Tore zu schließen. Zwischendurch hatte nun, nachdem James von damals an die Geschwister hatte ermutigen und zu eigener missionarischer Aktion motivieren dürfen, der Zweite Weltkrieg eine größere Pause erzwungen. Als James 1946 wieder in die Stadt kam, begannen die Christen erneut mit ihren Versammlungen. Sie mieteten eine große Musikhalle, die jeden Abend mit Menschen gefüllt war, welche nach Trost und Wegweisung aus Gottes Wort hungerten. Einer der Übersetzer war ein Rechtsanwalt, der bereits vor dem Krieg in einer Evangelisation von James Stewart zum lebendigen Glauben an Jesus Christus gefunden hatte.

Feldzug im Theater zu Pressburg

Bald fiel James auf, daß unmittelbar nach dem Krieg die Zeit anbrach, da in diesem Volk die Seelengewinner unter ihren eigenen Leuten zu arbeiten begannen. In Preßburg traf er eine junge Dame an, die schon 1937 als Kind in einer seiner Evangelisationen zum Glauben gekommen und inzwischen geistlich gereift war. Diese Tochter eines Universitätsprofessors legte 1946 eine außergewöhnliche Hingabe an den Tag, wenn es darum ging, sich anderer Menschen anzunehmen und ihnen den Weg zu Jesus zu zeigen. Insgesamt schienen junge wie alte Christen alles selbstsüchtige Verlangen nach persönlichem geistlichem Gewinn abgelegt und ein offenes Herz für die verlorengehende Seele ihres Nächsten bekommen zu haben. In Preßburg fand der Feldzug in einem Theatersaal statt. Jeden Abend gab James am Ende der Veranstaltung bekannt, daß die, die noch Fragen oder den Wunsch hätten, ihr Leben Jesus zu übergeben, anschließend noch bleiben könnten. Zu den Nachversammlungen fanden sich, obwohl es schon sehr spät war und mancher noch einen langen Heimweg mit viel Schnee und Eis vor sich hatte, zuweilen bis 400 Menschen ein. Diese Nachtreffen leitete ein tschechischer Evangelist, und er durfte dabei sehr viele seiner Landsleute auf den Weg des ewigen Lebens führen. In den meisten Fällen gingen die letzten Seelsorgegespräche erst nach Mitternacht zu Ende, so daß die Evangelisten dann ihren Fünf-Kilometer-Weg zu Fuß durch die Winternacht zurücklegen mußten, bis sie ihr Quartier erreicht hatten. Dort kamen sie müde und ausgelaugt an, hatten aber die Herzen voller Freude über das, was der Herr an einem solchen Tage wieder getan und wie viele Menschen er gerettet hatte.

Die Ballerina, die Gottes Wort hören wollte

An jedem Evangelisationsabend in Preßburg bemerkte James eine hübsche junge Dame, die erst gegen Ende seiner Predigt durch eine Seitentür des Theaters hereinschlüpfte. Wie ihr das gelang, war dem Evangelisten unklar – er vermutete, daß sie dies wohl mit einem Feuerwehrmann oder einem Polizisten abgesprochen hatte. Jeden Abend, wenn es halb zehn war, ging jene Seitentür auf, und die junge Frau kam herein, setzte sich still auf einen der nächsten Plätze und hörte aufmerksam zu. Ab und zu fand sie auch nur noch einen Stehplatz, aber das schien ihr nichts auszumachen. Dann sah James sie in einer Nachversammlung. Er ging auf sie zu und fragte sie freundlich und geradeheraus: »Warum kommen Sie nicht pünktlich wie die anderen, sondern immer erst zum Schluß der Abendstunde?« Ihre Antwort überraschte ihn. »Weil ich nicht eher kommen kann«, lächelte sie ein wenig verlegen, »ich bin Tänzerin am Ballett des Nationaltheaters und arbeite bis neun – wenn der letzte Akt, an dem ich immer noch beteiligt bin, zu Ende ist, renne ich hinaus und komme hierher, um noch etwas vom Wort Gottes mitzubekommen.« Sie war bereits wiedergeboren, und das Evangelium von Jesus Christus war für sie zu einem der kostbarsten Dinge auf der Welt geworden. Wie James später erfuhr, hatte es danach nicht mehr lange gedauert, bis die junge Frau selber vor Hunderten von Menschen ihre Errettung durch Jesus bezeugte.

Geheimes Gespräch

Was das für diese Schwester als Bürgerin des Volkes und Künstlerin bedeutete, war entschieden mehr als das, was es an Risiko für einen Ausländer wie James Stewart in sich barg. Das wußte er, seit er seinen letzten Einsatz in Brünn beendet hatte. Dort war ihm vom Rektor der örtlichen Universität die Einladung überbracht worden, die Botschaft auch vor den Studenten sagen zu dürfen. James hatte mit Freuden angenommen, und nach seinem Vortrag hielten ihn gegen Mitternacht draußen auf der Straße einige Männer mit scharf geschnittenen Gesichtern und kühlem Blick in den Augen an. Sie fragten ihn höflich, ob sie ihn kurz privat sprechen könnten, und zeigten ihm ihre Ausweise. Daraus konnte James ersehen, daß es sich um Rechtsanwälte, Schriftsteller und Verleger handelte. Er folgte ihnen in ein nahegelegenes Haus.

»Wir suchen Frieden und Freiheit«

Als die Männer die Tür hinter sich geschlossen hatten, platzte einer mit seiner Meinung frei heraus: »Herr Stewart, wir haben den Eindruck, Sie leben hier unter uns in einem Wolkenkuckucksheim. Wir sind keineswegs gegen Ihre Lehre oder Ihre Predigt – aber Sie sprechen in ihren Versammlungen immer so, als ob die Tschechoslowakei frei wäre und uns in nächster Zeit die große demokratische Freiheit bevorstünde.« Und dann machten sie dem Evangelisten, der ihnen erschüttert zuhörte, Stück für Stück deutlich, daß die Kommunisten systematisch dabei seien, die Tschechoslowakei zu übernehmen, wie Stalin und seine Armeen das Ziel verfolgten, die ganze Welt einzukassieren. »Wir suchen Frieden und Freiheit«, erklärten ihm die Gesprächspartner, »aber damit haben die nichts an der Mütze!« Ein anderer meldete sich zu Wort: »Es ist wahr, daß wir durch die Hilfe der Amerikaner und der Sowjetarmee von den Nazis befreit worden sind, aber jetzt werden wir zu Sklaven der Kommunisten.«

Mit dem Zaunpfahl gewinkt

Es gehe aber nicht nur um Unterdrückung, betonten die Patrioten, sondern die Erfahrung lehre immer mehr, daß der Kommunismus alles, was ihm nicht in die Linie passe, schlicht verschwinden lasse. Das Leben eines Intellektuellen sei ebenso in Gefahr wie das eines Durchschnittsbürgers, der nur seine Liebe zur Heimat bekunde. »Viele unserer Leute sind von den Russen einfach abgeholt und in irgendwelche Lager gesteckt worden, weil sie gute Tschechen sind . . .« Niemand im Lande wolle von der einen Terrormacht befreit werden, um dann vor der anderen Terrormacht zu zittern. »Wir haben nicht widerstanden und geblutet und unser Leben eingesetzt, um jetzt von den Kommunisten übernommen zu werden«, erklärten die Männer dem Evangelisten und hielten dann nicht mehr mit ihrem »Wink mit dem Zaunpfahl« zurück: »Wir wollen wieder eine freiheitliche Demokratie haben, wie wir sie bereits hatten – und wie man das in Großbritannien und Amerika nicht anders kennt!«

Seelen retten und Politik passen nicht zusammen

James Stewart erklärte den Männern, er habe volles Verständnis für ihre Situation und stehe innerlich ganz auf ihrer Seite, doch sehe er keine Möglihckeit, wie er etwas an ihrer Lage ändern könne. »Ich bin kein Diplomat, und als Prediger des Evangeliums kann und darf ich mich auf gar keine Weise in Politik einmischen«, sagte er ihnen, »ich habe nur einen Auftrag, und der heißt: Seelen retten!« Die Gesprächspartner erkannten sehr bald, daß sie mit ihrem eigentlichen Anliegen bei James Stewart nicht an den richtigen Mann geraten waren. Ihnen war aber auch klar, daß er sie nicht verraten und ihnen von seiner Seite her keinerlei Gefahr drohen würde. So drückten sie ihm die Hand und verabschiedeten sich freundlich von ihm, bevor sie in der nächtlichen Dunkelheit verschwanden. Dem Evangelisten aus Schottland jedoch hatte das Gespräch die Augen geöffnet. Der Krieg war zwar beendet, der Nationalsozialismus besiegt – aber vom Frieden waren die Tschechoslowakei und die anderen Länder Osteuropas nach wie vor himmelweit entfernt.

Nach Wien oder nach Budapest?

Die Gedanken an das nächtliche Gespräch mit den Widerstandskämpfern von Brünn beschäftigte und bedrückte James auch in Preßburg noch. Und die Nachricht vom Zeugnismut der gläubigen Ballerina erinnerte ihn besonders an die deutlichen Warnungen, die die Patrioten von Brünn ihm mit auf den Weg gegeben hatten. Er begann nun zu überlegen, ob er zuerst nach Wien oder nach Budapest gehen sollte. In der Stadt unter dem Stefansdom hatte er 1937 zwei Evangelisationen durchführen können, bei denen der Segen Gottes in besonderem Maße sichtbar geworden war. Hitlers Einmarsch in Österreich hatte die missionarischen Aktivitäten dann gestoppt. James hatte sich im Herzen eine große Liebe zu dieser Stadt und ihren Menschen bewahrt. Doch jetzt fragte er sich, was – möglicherweise im Gegensatz zu seinem eigenen inneren Verlangen – der Wille des Herrn sein würde. Und dabei wurde ihm bewußt, daß er unverzüglich nach Budapest gehen sollte. Diese Stadt hatte er 1940 verlassen, als schwer bewaffnete Kriegsschiffe die Donau hinabgefahren kamen.

Letzte Gemeinschaft vor dem Weg zur Front

In jener Nacht, bevor James Stewart sich als Auländer aus der ungarischen Metropole fortbegeben mußte, hatte er noch einmal eine große Anzahl gläubiger Männer getroffen, die alle am nächsten Morgen ihre Häuser verlassen mußten, um für ihr Vaterland in den Krieg und an die Front zu ziehen. Mit ihnen hatte er noch einmal das Buch des Propheten Jesaja aufgeschlagen, und sie alle hatten sich die von James ihnen zum Trost und zur Ermutigung angegebenen Verse dick unterstrichen. Zuerst war es in Kapitel 41 der 10. Vers: »Fürchte dich nicht, ich bin mit dir; weiche nicht, denn ich bin dein Gott. Ich stärke dich, ich helfe dir auch, ich erhalte dich durch die rechte Hand meiner Gerechtigkeit.« Dann hielten sie den 1. Vers aus Kapitel 43 fest: »Fürchte dich nicht, denn ich habe dich erlöst; ich habe dich bei deinem Namen gerufen; du bist mein.« Und auch den 10. Vers aus Kapitel 54 nahmen sie mit auf den Weg: »Es sollen wohl Berge weichen und Hügel hinfallen; aber meine Gnade soll nicht von dir weichen, und der Bund meines Friedens soll nicht hinfallen, spricht der Herr, dein Erbarmer.«

Diplomat sofort hilfsbereit

Als der Geist Gottes ihm die innere Weisung gab, nun nach Budapest zu gehen, nahm James das mit frohem Herzen an. Sofort begann er, seine Reisevorbereitungen zu treffen. Und darüber hinaus legte er jetzt diese Stadt und ihre Menschen seinem Gott im täglichen Gebet ganz besonders ans Herz. Wen von all den Lieben, die er damals gekannt und geliebt hatte, würde er überhaupt wiedersehen? Gehört hatte er seit jener Abschiedsnacht über dem Buch Jesaja fast nichts mehr von ihnen. James sprach in Preßburg mit slowakischen wie auch ungarischen Pastoren über sein Vorhaben, nach Ungarn zu gehen. Dann fand er in der Stadt auch einen wichtigen ungarischen Diplomanten, der sich über das Wiedersehen ungemein freute, da seine Frau in den früheren Veranstaltungen mit James Stewart zum Glauben an Jesus Christus gekommen war. »Ich werde dir gern helfen und sofort über meine besonderen Kanäle eine Botschaft an Präsident

Tildy Zoltan schicken«, versprach er, »dann wird er dir ein Visum genehmigen und die Einreise nach Ungarn erlauben.«

»Der Geist drängt mich«

In Preßburg hatte James bereits vor dem Krieg evangelisiert, und so war er noch einer großen Zahl von Menschen gut bekannt. Jetzt luden ihn sowohl der ungarische Pastor als auch der slowakische Bürgermeister ein, noch eine Zeit in der Stadt zu bleiben und eine gute Evangelisation zu veranstalten. James sagte: »Der Geist drängt mich, so schnell wie möglich nach Ungarn zu fahren. Aber wenn ich zurückkehre, bleibe ich für eine Evangelisation hier!« Freunde rieten ihm für das bevorstehender Abenteuer, kein überflüssiges Stück Kleidung mit nach Ungarn zu nehmen. »Da gibt es nämlich zwei Gründe«, sagten sie, »und der erste ist der, daß es viele desertierte sowjetische Soldaten gibt, die nicht zurückschrecken würden, dich zu töten, um deine Zivilkleidung zu bekommen. Der andere Grund ist der Hunger der ungarischen Menschen, die deine Kleidung stehlen würden, um sie gegen etwas Eßbares einzutauschen.« Die letzte Nacht verbrachte James Stewart im presbyterianischen Pfarrhaus der Stadt.

Allein über die Brücke

Er konnte nicht schlafen und wälzte sich die ganze Nacht im Bett hin und her. Um 5 Uhr morgens bereitete die Frau des Pfarrers aus allen Resten, die sie in den Schränken finden konnte, für James ein Frühstücksmahl. Vor dem Abschied legte der Pfarrer ihm die Hände auf und befahl ihn inbrünstig dem Schutz und der Versorgung Gottes an. »O Gott«, rief er aus ,»mache James noch einmal zu einem mächtigen Segenswerkzeug unter meinen Leuten in Ungarn!« Dann klopfte schon draußen der Bürgermeister von Preßburg an die Tür. Er und der Pfarrer begleiteten den liebgewonnenen schottischen Verkündiger zu der Brücke, wo die Donau Ungarn von der Tschechoslowakei trennt. Kurz vor der Brücke hielten die beiden an. Sie schauten James in die Augen, hatten sehr ernste Gesichter und sagten mit besonderer Betonung: »Auf Wiedersehen!« Dann wandten sie sich um und marschierten in ihre Heimatstadt zurück. James aber ging allein zu Fuß über die Brücke.

Tränen in Budapest

Am anderen Ende der Brücke auf der ungarischen Seite erwartete ihn ein sowjetischer Militärposten. Die Soldaten machten erstaunte Gesichter, als ihnen in so früher Morgenstunde einsam und allein ein junger Mann entgegenkam, und das auch noch in Zivilkleidung. Der mit den höheren Rangabzeichen fing an, den Paß des Fremden zu studieren und von allen Seiten zu begutachten. Er hatte anscheinend noch nie im Leben einen ausländischen Paß zu sehen bekommen. »Ob er überhaupt lesen kann?« fragte sich James im Stillen und gab die Hoffnung nicht auf, daß das zuvor auf Präsident Zoltans Anweisung hineingestempete Visum den Uniformierten genügend beeindrucken würde. »Herr, du weißt«, betete er schweigend im Herzen, »ob ich hier durchgelassen werde oder nicht . . .« Der russische Soldat hielt zunächst mit seinen Kameraden ein ausgiebiges Palaver. Dann fragte er James in gebrochenem Ungarisch höflich, was er von Beruf sei. »Ich bin Evangelist und habe schon viele Male in Ungarn gepredigt«, sagte James, »und jetzt möchte ich zurückkehren, um das Evangelium zu verkünden.« Die deutliche Überraschung auf seinem Gesicht mußte wohl damit zusammenhängen, daß man ihm daheim erzählt hatte, Religion sei nur etwas für alte Leute und Schwächlinge. Was immer er auch gedacht haben mag, er zeigte große Ehrerbietung. Vielleicht hielt er den Fremden auch für eine überaus wichtige Persönlichkeit, weil der die Erlaubnis erhalten hatte, ein total unter Militärkontrolle stehendes und nach allen Seiten geschlossenes Land zu betreten. Er lächelte und ließ James passieren.

Chaotische Verhältnisse

Der Evangelist sah zu, daß er weiterkam und dachte nicht länger über den Militärposten nach. Später, als er erfahren hatte, daß zu der Zeit in Ungarn ein Visum und eine Fürsprache vom Präsidenten nichts, dafür der Wille des Militärs alles galt, wunderte er sich noch oft, wieso es hatte geschehen können, daß man einen ausländischen Zivilisten hereingelassen hatte. James marschierte zunächst in der kleinen ungarischen Grenzstadt zur Bahnstation und fragte den einsam dort residierenden Stationsleiter, wann denn der nächste Zug nach Budapest führe. Der Beamte war sprachlos vor Erstaunen – zuerst einmal wurde er von einem Zivilisten mit angelsächsischem Akzent angesprochen, und der stellte auch noch eine so unglaubliche Frage. Im nächsten Augenblick wurde seine Miene von einem Leuchten erhellt. »Sagen Sie mal, sind Sie nicht der Mann aus Schottland, der Herr Stewart«, fragte er, »der vor dem Krieg manchmal drüben in Preßburg gepredigt hat? Da habe ich Sie einige Male gehört . . .« Es gab ein herzliches Handschütteln. Dann erklärte der Stationsleiter mit entschuldigendem Lächeln: »Es tut mir leid, Herr Stewart, aber ich kann nie sagen, ob und wann der nächste Zug fährt. Das wird hier alles vom russischen Militär dirigiert. Aber wir können versuchen, Sie auf einen der nächsten Güterzüge zu stecken.«

Bummelreise im Güterzug

In einem kleinen Raum vor dem Fahrkartenschalter machte James es sich auf einer harten Bank bequem so gut es eben ging. Dann ging er in die kleine Ortschaft hinein und staunte darüber, daß in jedem privaten Haus mindestens drei oder vier Soldaten einquartiert waren. In der Nacht ließ der Stationsvorsteher seinen Gast freundlicherweise in der Bahnstation auf dem Fußboden schlafen. Am nächsten Morgen, nach etwa 24 Stunden Wartezeit, weckte ihn ein anderer ungarischer Bahnbeamter, der ihn sogleich zu einem der Wagen eines Güterzugs eskortierte, der soeben eingelaufen war. »Hier hinein«, kommandierte er freundlich und verschwand im nächsten Augenblick in Richtung Stationsgebäude in der Morgendunkelheit. James versuchte, sich im Innern des Waggons in einer Ecke mit Heu »häuslich« einzurichten, aber es war bitterkalt. Er tröstete sich damit, daß die Fahrt ja nicht länger als gut eine Stunde dauern werde. Denn Budapest war nicht weit. Aber da hatte er sich gründlich getäuscht. Ungefähr alle zwei oder drei Kilometer blieb der Zug wieder stehen, weil offenbar die alte Dampflok streikte. Auf einer Bahnstation wurde sie dann abgekoppelt, auf ein Nebengleis gefahren und durch eine andere Lok ersetzt. Aber, o Schreck, die zweite Maschine war nicht besser als die erste. Und so ergab es sich, daß die Reise im eiskalten Güterwaggon für James noch einmal geschlagene 24 Stunden dauerte. In der Frühe des nächsten Tages hielt der Zug an. James schaute hinaus, und ein Bahnbeamter sagte ihm, man sei jetzt in

Budapest. Der Passagier aus dem Heuhaufen fror erbärmlich und fühlte sich völlig steif.

Dunkelheit und Totenstille

Und dann kam die nächste Überraschung. Er konnte nicht recht fassen, daß dies Budapest sein sollte. Früher hatte es hier einen vor Leben überquellenden Hauptbahnhof gegeben. Jedesmal, wenn er und seine Frau von da abreisten, waren zum Abschied zahlreiche Christen mitgekommen und hatten bis zur Abfahrt des Zuges auf dem Bahnsteig eine spontane Freiversammlung mit Lobliedern, Zeugnissen und laut vorgelesenen Bibelversen veranstaltet. Ein Teil des Bahnhofs war plötzlich in die Atmosphäre Gottes getaucht worden. Doch was fand James jetzt vor, als er mit langsamen Bewegungen aus dem Güterwagen kletterte? Weil es nirgendwo ein Licht gab, mußte er zunächst in der Dunkelheit umhertasten. Von einer Hauptstadt und Menschenmengen war nichts zu hören und zu sehen. Da plötzlich sah er schwach die Umrisse des Bahnhofsgebäudes. Der Form und Gestalt nach konnte es der Bahnhof von Budapest sein. Aber wegen der Totenstille fragte James sich, ob er nicht doch irrtümlich irgendwo in der weiten Pußta gelandet war.

Betrunkene russische Soldaten

Da tauchte in der Finsternis ein ungarischer Bahnbeamter auf. James fragte ihn nach dem nächsten Weg zur Stadt. »Sechs Meilen«, murmelte der und zeigte in eine bestimmte Richtung. James marschierte eine weite Strecke über eine Landstraße und erreichte dann einen Vorort von Budapest. Auf einmal hörte er Stimmen. Um eine Ecke bogen ein paar russische Soldaten, die stark betrunken waren. Sie hielten James an, und er gebrauchte ihnen gegenüber in freundlichem Ton einige russische Worte, die er kannte. Dabei wurde ihm mulmig in Erinnerung an die Warnung, die könnten ihn vielleicht zusammenschlagen, um ihm seine Kleidung wegzunehmen. Aber die Uniformierten waren offenbar von viel Weingeist beherrscht und guter Stimmung. So wünschten sie dem Fremden gemütlich »Do swidanja – Aufwiedersehen!« und zogen ihres Weges, indem sie sich mehr oder weniger aneinander festhielten, um nicht völlig das Gleichgewicht zu verlieren und in den Dreck zu fallen.

Wie ein Gespenst in einer Geisterstadt

James ging weiter in Richtung Innenstadt. Als er die fast erreicht hatte und von Osten her ein zartes Morgengrauen sich ankündigte, hörte er plötzlich Fußtritte eines einzelnen Menschen. Aus einer Seitenstraße lief ihm ein Zivilist mit einem Brotbeutel auf dem Rücken quer auf den Weg. Beide blieben erschrocken voreinander stehen, und jeder fragte sich in Gedanken, wer denn nun wohl die meiste Angst hätte. James beherrschte genügend Ungarisch und machte den Mund auf: »Hören Sie, kommen Sie sich auch vor wie ein Gespenst in einer Geisterstadt?« Der andere fragte trocken zurück: »Was machen Sie denn hier – um diese Zeit?« Doch bevor James antworten konnte, fuhr der Mann fort: »Hast du keine Angst? Weißt du nicht, daß dich jemand wegen deiner Kleidung umbringen könnte? Man sieht doch an deiner Garderobe, daß du aus dem Westen kommst.« James erklärte ihm, daß er ein Freund Ungarns sei und zurückkehre, um seine persönlichen Freunde zu besuchen. Der Mann schüttelte ungläubig den Kopf: »Konntest du dir nicht noch eine unsinnigere Zeit aussuchen, um deine Freunde zu besuchen?«

Ruhestatt auf Teppich im Flur

Nun war James mit dem Fragen dran: »Was machst denn du zu dieser Stunde auf der Straße? Warum hast du denn keine Angst, daß dich jemand ermorden könnte?« Mit großer Bitterkeit in der Stimme erzählte der Ungar sein Erlebnis: »Ich war draußen auf dem Lande, um die Juwelen meiner Frau gegen Kartoffeln einzutauschen. Wenn du riesigen Hunger hast, kommt es dir auf nichts anderes mehr an. Aber an den Juwelen hatte keiner Interesse . . .« James fragte ihn, ob er ihm freundlicherweise sagen würde, wo das nächste Hotel zu finden wäre. Der Mann lachte hart auf: »Was bist du für ein Optimist! Hier ist alles kaputt! Verstehst du? Alles! Alles ist zerstört! – Du solltest lieber mit mir kommen.« Sie suchten sich den Weg durch die Trümmer. Der Ungar ging voran. Überall huschten Katzen oder auch Ratten vorbei. Dann standen sie vor den Resten eines großen Appartementhauses. Eine ganze Seite war total aufgerissen. James konnte sich nicht vorstellen, daß darin noch jemand leben sollte. Auch war kein Dach mehr auf dem Gebäude. Vorsichtig kletterten sie durch ein teilweise zerbrochenes Treppenhaus in den dritten

Stock hinauf. Mit einem Schlüssel öffnete der Ungar seine Tür. Im Flur lag ein kleiner Läufer auf dem Fußboden. Der Mann schaute James an und zeigte wortlos mit der Hand nach unten. James ließ sich sofort flach hinfallen und war in der nächsten Minute vor Erschöpfung eingeschlafen.

Gastfreundschaft bis zum letzten Bissen

Als die Frau des Hauses ihn weckte, war ein ganzer Tag vergangen, und von draußen schien das Licht durch die Fenster. Man bot ihm einen Stuhl am Wohnzimmertisch an. Weil er seit einigen Tagen nichts zu essen bekomman hatte, stand dem Gast der Hunger im Gesicht geschrieben. Die Frau reichte ihm ein Stück schwarzes Brot und einen Apfel, und er schlang beides in sich hinein. Dabei nahm sie aus einem kleinen Einmachglas dunklen Gelee, verrührte diesen in einer Tasse voll heißen Wassers und gab ihm das als »Kaffee«-Ersatz. Sie entschuldigte sich dafür, daß sie und ihr Mann im Zimmer herumstanden: »Wenn wir uns an den Tisch setzen, erinnert uns das zu sehr daran, daß wir uns hungrig fühlen – deshalb setzen wir uns nicht mehr an den Tisch . . .« Nach der schnellen Mahlzeit dankte James herzlich für die Gastfreundschaft und fragte das Ehepaar, wie er eine bestimmte Presbyterianische Kirche in der Stadt finden könnte. Sie mußten ihm den Weg viel ausführlicher als sonst erklären, weil es in Budapest keine bekannten Gebäude und sonstigen markanten Punkte mehr gab. Dann verabschiedete er sich von seinen neuen Freunden und zog los.

Unvorstellbares Trümmerfeld

Doch was James dann an Schrecken und Verwüstung zu sehen bekam, übertraf sein Vorstellungsvermögen und überstieg seine seelischen Kräfte. Im hellen Tageslicht stand er vor einem unvorstellbaren Trümmerfeld. Er brach in Tränen aus und lief weinend durch sein geliebtes Budapest. Von der majestätischen Brücke, die über die Donau geführt hatte, waren nur noch Stümpfe übrig geblieben. Pioniere hatten eine Brücke aus Schwimmpontons errichtet, die aber immer nur ganz kurz für den Verkehr geöffnet und dann wieder für den Rest des Tages geschlossen wurde. Bis zur nächsten Brücke, auf der man die Donau überqueren konnte, waren es dann etliche Kilometer. Wenn James sich umsah, schien es ihm, als ob nicht ein einziges Gebäude mehr heil wäre. Als er um eine Hausecke bog, hielt ihn plötzlich ein Polizist an. Die ganze Straßenfahrbahn war von einem offenbar nachträglich detonierten Bombenblindgänger aufgerissen. Überall lagen tote Körper herum. Menschen beugten sich über die Leichen und drückten sich dabei Taschentücher vor Mund und Nase. Schweres Stöhnen und leises Weinen waren zu hören, während die Überlebenden versuchten, vermißte Angehörige zu identifizieren.

Wochenlang in Abwasserkanälen überlebt

In der gesamten Stadt lagen unzählige Panzer und andere Fahrzeuge deutscher wie auch russischer Abkunft herum. Wie James später erfuhr, hatten die Kämpfe und Schießereien in Budapest endlose 88 Tage angedauert. Wochenlang hatten große Teile der Zivilbevölkerung unter der Erde in den Abwasserkanälen gelebt – und überlebt. Nach langem Suchen fand James die Kirche wieder, die für ihn mit so vielen wunderschönen Erinnerungen verbunden war. Sie stand noch und hatte kaum Schäden abbekommen. Hier hatte er die ersten erretteten Seelen seines ersten Feldzugs in Ungarn gesehen. Von hier war im Anschluß an die Evangelisation eine kleine Erweckung ausgegangen. Während er auf den Eingang zu marschierte, überkamen ihn Furcht und Zittern bei der Frage: »Würden die Erweckungsflammen noch brennen?« Ob die Gläubigen wohl trotz aller Leiden des furchtbaren Krieges standhaft geblieben waren? Wie mochten sie die Bombardierungen, die Evakuierungen, den Aufenthalt in Lagern, den Verlust lieber Angehöriger, die Zerstörung ihrer Häuser und den großen Hunger überstanden haben?

»Seht mal, da ist der Jakob!«

Die Antwort auf seine Fragen fand er sehr schnell. Er öffnete die Tür und stand plötzlich vor einer in stille Gebetsgemeinschaft versunkenen Menschenmenge. Das Gebäude, dies wußte er von früher her, faßte etwa 2000 Menschen. Jetzt war es so überfüllt, daß bis zur Tür kein Quadratzentimeter Platz mehr übrig war. Nun fiel James auf, was er von der Frontseite her nicht hatte sehen können: Nach hinten hinaus hatte das Dach doch einen Treffer mitbekommen. Dort fielen die Flocken des gerade einsetzenden leichten Schneeschauers auf die Menschen. Aber niemand schien es zu stören. Keiner bewegte sich. Alle waren in tiefer Andacht dabei, als die Stimme eines Bruders laut den Herrn Jesus lobte und pries. Anschließend stimmten die Gläubigen ein letztes Lied an, danach sprach der Pastor ein kurzes Schlußgebet. James schlug eine Atmosphäre des Segens entgegen. Er wischte sich die Tränen aus dem Gesicht, und sein Herz fing an zu jubeln. Dann rief einer durch den Saal: »Da! Seht mal! Da ist der Jakob!« Alles drehte sich nach James um. Das ungläubige Staunen auf den Gesichtern erklärte sich später dadurch, daß die Leute zuvor ein Gerücht gehört hatten, der Jakob aus Schottland sei irgendwo unter den Bomben umgekommen. Nachdem die Gläubigen sich von ihrem freudigen Erschrecken erholt hatten, kannten Freude und Begeisterung keine Grenzen mehr. Keine zehn Minuten später, als noch niemand zum Heimweg aufgebrochen war, wurde bekanntgegeben, daß der Bruder Jakob, wie man ihn unter vielen ungarischen Christen nannte, am nächsten Abend mit evangelistischen Versammlungen im großen Auditorium des Christlichen Vereins Junger Männer (CVJM) beginnen werde.

Neue geistliche Aufbrüche an der Donau

Was James dann in Budapest erlebte, knüpfte zwar an die über acht Jahre zurückliegende Erweckung an, war aber doch eine völlig neue Situation. Krieg und Trauer hatten die Menschen durchgeschüttelt und ihre Herzen in besonderem Maße auf das Wirken des Geistes Gottes durch das lebendige Wort Gottes vorbereitet. Die große Überraschung zum Eröffnungsabend der Evangelisation im Haus des CVJM war weniger die Tatsache, daß ein Staatssekretär namens Bereczky im Auftrag des Präsidenten Tildy Zoltan den schottischen Evangelisten zu seiner Rückkehr nach Ungarn herzlich willkommen hieß, sondern daß Bereczky offen seinen Glauben bekannte und berichtete, welchen großen Segen die Erweckung von 1937 in seinem Herzen und Leben hinterlassen hatte. James bewunderte im Stillen diesen Mann, der ungeachtet seiner hohen Position vor einer breiten Öffentlichkeit zu seinem Glauben an Jesus Christus stand – und das auch noch in einem Land, welches mehr und mehr unter die totale Kontrolle der atheistischen Weltmacht Sowjetunion geriet.

Einheit unter den Christen der Stadt

Noch mehr überrascht war James anschließend, als die Christen am Ort eine Einheit zeigten, wie man das zuvor nie in der Stadt gekannt hatte. Zuerst sagten die Leiter der verschiedenen örtlichen Freikirchen ihre Grußworte, danach folgten die Bischöfe der lutherischen und der calvinistischen Kirchen. Da gab es keinen zweideutigen Unterton, auch kein falsches Gerede über Fusion und Vereinheitlichung, sondern quer durch bei allen nur den Wunsch, daß Gott zu dieser Evangelisation noch mehr und noch größeren Segen ausgießen möge als je zuvor. Nirgends war auch nur die Andeutung von theologischem Hickhack oder intellektuellem Hefekneten zu spüren. Die Menschen nahmen die Bibel wieder so, wie sie ihnen von Gott in die Hand gegeben worden war. Sie tranken begierig aus der Quelle des Lebens und ließen ihre zerschlagenen Herzen vom Anblick des gekreuzigten und auferstandenen Sohnes Gottes aufrichten.

Jeden Abend mehr Menschen

Das alles ging einher, wie James deutlich spüren und sehen konnte, mit einer bis dahin nicht dagewesenen Liebe der Gläubigen für noch nicht errettete Seelen. Jeden Abend brachten die Zuhörer mehr Menschen mit. Der große Saal des CVJM Budapest füllte sich, bis vor lauter Menschen kein Quadratzentimeter des Fußbodens mehr zu sehen war. Auch mußte der Evangelist sein bisheriges Konzept, einen Verkündigungsabend zu gestalten, von Grund auf umändern. Hier brauchte er längst nicht mehr so viel zu sagen wie bei anderen früheren Evangelisationen. Hier wollten die Gläubigen ebenfalls zu Wort kommen und den Herrn loben. James gab nach dem Eingangslied und dem Gebet eine Botschaft von höchstens 15 Minuten Länge und forderte dann auf, wer sein Herz vom Herrn bewegt wisse, solle aufstehen und laut und deutlich ein Zeugnis geben. Die Kette der Glaubens- und Erlebniszeugnisse, in denen die Menschen vom Wirken Gottes in ihrem Alltag berichteten, riß durchweg bis zu zwei Stunden nicht ab.

Das Wort rührte die Herzen an

Dann unterbrach James das Programm, indem er mehrere Strophen eines Lobliedes singen ließ, anschließend forderte er zur Gebetsgemeinschaft auf. Diese war jedesmal der Höhepunkt des Abends und dauerte ebenfalls noch einmal etwa zwei Stunden. Hierbei konnten die Gläubigen ihre Herzen öffnen und ihrem Gott alles vorbringen, was sie sorgte und beunruhigte, aber auch was sie dankbar stimmte und froh gemacht hatte. Immer wieder hatte James den Eindruck, daß selbst die schwersten Seufzer, die zum Himmel gesandt wurden, noch getragen waren von Herzen voller Lobpreis des Erretters. Die innere Offenheit, mit der gebetet wurde, entsprach sichtlich der einer großen Familie – obwohl etliche tausend Menschen in dem Saal beisammen waren. Das Wort Gottes hatte ihre Herzen angerührt, der Geist Gottes sie zu echter innerer Einheit zusammengebunden, und vom Namen Jesu Christi war für sie alle eine wunderbare Stärkung ausgegangen. Jedesmal, wenn die übliche Zeit weit überschritten und die Nacht bereits deutlich vorgerückt war, sah James keine andere Möglichkeit mehr, als die Gebetszeit und damit die gesamte Veranstaltung zu beenden. Und das war für ihn in jeder

Situation das schwerste, was es gab. Dazu konnte er sich nur unter größten inneren Schwierigkeiten überwinden.

17jährige Jüdin führte die Beter an

Aber am nächsten Abend waren sie alle wieder da, und sie brachten wieder neue Menschen mit, die sie dann auch noch irgendwie hineinzustopfen vermochten. James erinnerte sich, daß 1937 bei den Gebetsgemeinschaften die Frau eines landesweit bekannten Adeligen als betende, flehende und lobpreisende »Hanna« hervorgetreten und zum geistlichen Zugpferd für die anderen Beter geworden war. Diesmal, inmitten einer völlig zerbombten Stadt und am Ende eines bis dahin von solcher Schrecklichkeit noch nie dagewesenen Weltkriegs, war die betende »Hanna« von Budapest eine 17jährige Jüdin. Sie war mit ihrer Mutter am Leben geblieben. Alle anderen Familienangehörigen wie auch weiteren Verwandten waren umgekommen. Immer wenn James nach bestimmten Gebetsanliegen fragte, rief das junge Mädchen: »O betet bitte für meine Mutter! Sie ist noch nicht errettet!«

Fast alle Brücken zerstört

Als James sich unter den Gläubigen erkundigte, wer dieses Mädchen sei, erfuhr er, daß sie drüben im anderen Stadtteil lebte und zu jeder Veranstaltung im CVJM-Haus mehrere Kilometer zu Fuß zurückzulegen habe, weil die meisten Brücken über die Donau, welche Buda von Pest trennt, zerstört waren. »Aber ist das nicht zu riskant für ein solches Mädchen, zu diesen Zeiten allein durch die Stadt zu laufen«, fragte James sorgenvoll, »und wie macht sie das erst nachts mit dem Heimweg?« Die Antwort, die er erhielt, ließ ihn neu erkennen, wie Gott sich jedes einzelnen seiner Kinder annimmt – die Frau eines lutherischen Pfarrers hatte die persönliche und vor allem geistliche Betreuung der jungen Jüdin übernommen und brachte das Mädchen jede Nacht zu Fuß heim, wobei sie selber dann den ganzen langen Weg wieder zu ihrem Hause laufen mußte.

Programmunterbrechung nichts Aussergewöhnliches

An einem Abend passierte es dann, daß nach dem Eingangsgebet der Evangelist nicht mehr dazu kam, sein Schriftwort zu lesen. Da tönte die helle Stimme der kleinen Jüdin durch den Saal, die ihn unterbrach: »Bruder Jakob! Ich habe eine wunderbare Nachricht für dich! Meine Mutter wurde errettet, und sie ist jetzt hier unter uns! Würdest du ihr Gelegenheit geben, ihr Zeugnis zu sagen, bevor du predigst? Ich möchte so gern, daß sie erzählt, wie sie Jesus als ihren Heiland gefunden hat!« In der so familiären, vertrauten Atmosphäre des großen Saales war diese Programmänderung gar nichts Besonderes, und James gab dem Wunsch sofort nach. Als die Mutter des Mädchens zunächst ein wenig stotternd, dann aber in flüssiger Rede ihr Zeugnis gegeben hatte, stimmte die riesige Versammlung zunächst spontan ein brausendes Loblied an. Dann konnte das Programm weiterlaufen.

Alles in heiliger Ordnung und Disziplin

Immer wenn einer aus der Menge ein Wort predigte oder ein Zeugnis weitersagte, schlug James Stewarts Herz ein wenig höher vor Freude. Dann saß er still in seiner Bühnenecke und betete für den, der gerade sprach. An manchen Abenden brauchte er überhaupt nicht mehr zu predigen. Da hielten die Gläubigen die Versammlung unter sich ab. Bei alledem lernte er eine überaus wichtige Lektion: Je mehr man in einer Erweckungsversammlung erkennt, daß der Geist Gottes selber der Versammlungsleiter ist, und je mehr man seiner Eingebung gehorcht, um so mehr Segen und Herrlichkeit wird gewirkt. In einer wahren Erweckungsversammlung herrschen die ehrfürchtige Wahrnehmung der Gegenwart Gottes und die echte Freiheit des Geistes vor. Andernfalls kann es eine solche Erweckungsversammlung gar nicht geben. Plötzlich gibt es keine vorgeschriebene Gottesdienstordnung und kein zurechtgeschnittenes Programm mehr, und doch geht alles in einer heiligen Ordnung und Disziplin vor sich, die von der Liebe bestimmt war. James fiel zu alledem nur eine treffende Erklärung ein, die er aus dem Römer-Brief kannte: »Die Liebe Gottes ist ausgegossen in unser Herz durch den Heiligen Geist, welcher uns gegeben ist.«

Massenversammlung in dicker Winterkleidung

Wenn auch das Budapester CVJM-Haus weitgehend unbeschädigt geblieben war, so entsprachen die äußeren Bedingungen der Evangelisationsveranstaltungen doch dem Gesamtzustand der Stadt. Der große Saal konnte nicht beheizt werden. Die Menschen entwickelten durch ihr dichtgedrängtes Zusammenstehen unter sich eine gewisse Wärme, wobei sie alle ihre Wintermäntel anbehielten. Ebenso trugen Männer wie Frauen während der gesamten Abende Hüte und Kopftücher. Mancher hatte noch eine alte Wolldecke mitgebracht und legte sie sich um die Schultern. Zwischendurch ließ James immer wieder Lieder anstimmen. Da und dort fiel mittendrin ein Mensch in Ohnmacht und mußte hinausgetragen werden – zumeist Folge von Schwäche und Unterernährung. Immer wieder fiel die Orgel aus, weil ihr Gebläse festgefroren war. Manchmal klappte es mit der musikalischen Begleitung auch deshalb nicht, weil die Hände des Organisten vor Kälte zu steif geworden waren. Aber die dem lebendigen Gott geweihte Musik in den Herzen der Menschen konnte der Winterfrost, der inzwischen die Donau mit einer dicken Eisdecke überzogen hatte, nicht abstellen.

Heisse Steine für Redner und Übersetzer

Daß Liebe erfinderisch macht, bewiesen unter anderem Mitglieder des CVJM, die insgesamt die Ordnungsfunktionen im Hause übernommen hatten und diese ganz unauffällig ausführten. In einem Nebenraum hinter der Bühne hatten sie einen kleinen Kanonenofen an den Schornstein angeschlossen und darin ein kräftiges Feuer gemacht. Aus den Trümmern draußen in der Stadt hatten sie mittelgroße Steinplatten aufgetrieben, die sie auf dem Ofen erhitzten und von Zeit zu Zeit dem Evangelisten und seinem jüdischen Übersetzer unter die Füße legten. Andernfalls hätten James Stewart und sein Dolmetscher, die frei auf dem Podium standen und keine wärmende Menschenmenge um sich hatten, den stundenlangen Dienst nicht tun können. Als gerade wieder ein Zuhörer zusammengebrochen und von den Helfern behutsam nach draußen gebracht worden war, und dies alles während eines Lobliedes, drängte sich der Bischof der reformierten Kirche an James heran und fragte ihn freundlich: »Überfordern wir nicht mit zu vielen Liedern die Kräfte der Leute?« James antwortete: »Ich weiß es nicht – andererseits hält das Singen auch warm . . .« Beide schmunzelten sich an. Es wurde fleißig weitergesungen.

Kraft und Hilfe geschöpft

Wenn es zu jener Zeit in ganz Budapest, einem der größten Trümmerfelder Europas, in der großen Not und Trostlosigkeit noch einen Ort echter Freude gab, dann war es das Haus des CVJM, wo die Menschen sich zu Gott hin versammelten und aus seinem Wort Kraft und Hilfe schöpften. Da sprang eine ältere Frau mit Kopftuch aufs Podium. Unter ihrem abgetragenen, viel zu großen Mantel zog sie eine Bibel hervor und las den Zuhörern mit lauter Stimme die Worte aus dem Buch des Propheten Jesaja, die sie in genau jener Situation tief bewegten: »Denn so du durchs Wasser gehst, will ich bei dir sein, daß dich die Ströme nicht sollen ersäufen; und so du ins Feuer gehst, sollst du nicht brennen, und die Flamme soll dich nicht versengen. Denn ich bin der Herr, dein Gott, der Heilige in Israel, dein Heiland!«

PENGÖ-MULTIMILLIONÄR

Als die große Evangelisation sich ihrem Ende zuneigte, kam es noch zu einem Vorfall, bei dem die Magyaren bewiesen, daß sie ihren gesunden Humor nicht verloren hatten. Einer der örtlichen Pastoren rief dazu auf, daß dem Evangelisten, da er nun weiterziehen müsse, ein Opfergabe mitgegeben werden solle und daß man zu diesem Zweck Körbe durch die Reihen geben werde. Die Körbe waren viereckiges Flechtwerk, beinahe mannshoch und mußten aus irgendeinem zerstörten Warenlager stammen. James glaubte seinen Augen nicht zu trauen, als er beobachtete, wie die Zuhörer ausnahmslos ihre Geldbeutel öffneten und einfach über den Körben entleerten. Dann und wann hielten die Ordner vom CVJM mit der Sammlung an, kippten den Korb schräg und einer stieg hinein, um die Scheine mit den Schuhen niederzutrampeln, damit noch mehr hineinpassen sollte. Nach der Sammlung ging die Veranstaltung noch einige Stunden weiter. Am Ende teilte der Pastor mit, wieviel für den Evangelisten aus Schottland zusammengelegt worden war. Als James eine Summe von mehreren Millionen Pengö vernahm, hielt er vor Schreck die Luft an. »Lieber Bruder Jakob«, erklärte der Pastor mit verschmitztem Lächeln, »du bist jetzt nicht nur Millionär, sondern auch einer der reichsten Menschen Ungarns!« Die Menge brach in fröhliches Lachen aus. »Das einzige Problem ist nur«, fuhr der Pastor fort, »daß wir uns nicht sicher sein können, ob du für diese Gabe heute mehr als ein Ei oder eine Zeitung kaufen kannst . . .!«

Die Gegenmacht schlägt zu

Als James Stewart seinen Dienst in Budapest als beendet erkannte, lag bereits für ihn die Einladung eines lutherischen Bischofs vor, in eine südliche Kleinstadt nahe der jugoslawischen Grenze zu kommen. Noch einmal traf sich James mit den vier Glaubensbrüdern, die er als die tragenden Persönlichkeiten der ungarischen Erweckungsbewegung erkannt hatte. Es waren ein Universitätsprofessor, ein praktischer Arzt, ein Adeliger und Andy, ein jüdischer Buchverkäufer von den Offenen Brüdern in Budapest. Andy beherrschte die englische Sprache und war in allen Evangelisationen James' Übersetzer. Er war, ebenso wie der Professor, bereits 1937 während eines Glaubensfeldzugs von James Stewart ein Eigentum Jesu Christi geworden. Als der Evangelist dann nach dem Krieg wieder in Ungarn auftauchte, war Andy sofort mit von der Partie und stand seinem geistlichen Vater, wo er ging und stand, zur Seite.

Kommunistische Hochburg

In jener südungarischen Kleinstadt wurde James erst recht bewußt, daß sein Dolmetscher selber ein Evangelist mit einem ausgeprägten Hirtenherzen war. Er nahm sich in zuweilen endlos erscheinenden Gesprächen so mancher Landsleute an, bis sie zum lebendigen Glauben durchgedrungen waren. In dieser Stadt predigten James und Andy täglich fünf- bis sechsmal an verschiedenen Stellen das Evangelium. Ein zentraler, großer Saal stand nicht zur Verfügung. So waren es mehr die Hausversammlungen, in denen die Menschen den Trost und das Licht des Wortes Gottes suchten. Außerdem war gerade in dieser Ortschaft ein leiseres Auftreten angebracht; denn bereits in Budapest waren James und sein Übersetzer gewarnt worden, bei jener Stadt handele es sich um eine kleine kommunistische Hochburg.

Dolmetscher als Seelenhirte

Zunächst merkten die beiden Diener Gottes davon nicht viel. Hingegen waren es Zuhörer aus den evangelistischen Zusammenkünften, die James oftmals noch spät in der Nacht bis zu seinem Quartier verfolgten, um mit ihm im Gebet unbereinigte Probleme ihres Lebens vor Gott zu bringen oder Antwort auf Herzensfragen zu erhalten. Wenn James dann manchmal mit seinen Kräften restlos am Ende war und nicht mehr dienen konnte, machte Andy einfach Fortsetzung. Und das dauerte nicht selten bis Tagesanbruch. Der junge Jude erwies sich als hingebungsvoller, ausdauernder Nachfolger seines Messias' und kämpfte mit ganzer Liebe für die Verbreitung des Evangeliums. James hatte immer wieder Grund, Gott für diesen Glaubensbruder und Mitstreiter zu danken.

Kleinstadt meistens wie ausgestorben

In jener Kleinstadt Südungarns geschah es denn auch, daß James und Andy im Gespräch mit Staunen feststellten, wie reibungslos und ungehindert man sie bis dahin hatte die frohe Botschaft von Jesus verkündigen lassen. In dieser Stadt, in der sich damals weder geschäftliches noch kulturelles Leben abspielte und die während der meisten Zeit wie ausgestorben wirkte, flogen ihnen die Herzen der Menschen nur so zu. Ziemlich in der Mitte der Ortschaft hatten sie einen kleineren Versammlungssaal bekommen, in dem jeden Vormittag Bibelzusammenkünfte ausschließlich für Männer stattfanden. Das Wort Gottes lief, und der Geist Gottes bestätigte es in den Herzen der Zuhörer. James und Andy wunderten sich ein wenig, daß sie im kommunistisch beherrschten Ungarn noch so gar keine Angriffe von der Gegenmacht zu spüren bekommen hatten.

Alle Not brachte nur näher zu Gott

In der Tat war ihr Dienst oftmals nicht leicht. Es war nach wie vor kalter Winter. Sie litten nicht selten unter Frost, Hunger und Durst. Viel schwerer zu ertragen waren – nach menschlichem Ermessen – all das Leid und die Sorgen der Menschen, insbesondere der Gotteskinder unter ihnen, womit der Evangelist und sein Dolmetscher von Haus zu Haus konfrontiert wurden. Wenn James von Gott eines nicht mit auf den Lebensweg bekommen hatte, dann war es ein dickfelliges Wesen. Seine empfindsame und mitfühlende Art ließ ihn immer wieder um die Nöte anderer Menschen viele Nächte im Gebet durchwachen. Das alles jedoch brachte ihn dem Herzen Gottes um so näher. Und bis zu einem bestimmten Zeitpunkt schien der lebendige Gott noch Gnadenzeit in Ungarn walten zu lassen. Bis zu jenem Tage konnten James und Andy in dem Land so uneingeschränkt evangelisieren wie vor dem Krieg, und nahezu jeden Tag wurden noch Seelen für die Ewigkeit gerettet.

»Wer hat dir Genehmigung gegeben?«

Doch dann kam der Tag, an dem alles seine Wende nahm. An einem Vormittag bei einer der Männerveranstaltungen kam ein russischer Offizier in den Versammlungsraum, ging schnurgerade auf das Podium zu und verlangte, den Paß des ausländischen Predigers zu sehen. Dann fragte er laut vor der ganzen Menge: »Wer hat dir Genehmigung gegeben, hier zu predigen?« James antwortete: »Ich predige durch die Genehmigung des Herrn Jesus Christus. Er hat mir befohlen, in alle Welt zu gehen und das Evangelium zu predigen. Und er hat mich zum zweiten Mal hier nach Ungarn gesandt!« »Das ist Unsinn«, erklärte der Offizier, »du mußt eine Erlaubnis vom höchsten sowjetischen Kommissar haben, um in der Öffentlichkeit zu sprechen. Du bist britischer Staatsangehöriger, und du hast keine Erlaubnis, dich hier überhaupt aufzuhalten!«

Festnahme und erste Verhöre

Die ungarischen Zuhörer stimmten ein Lied zur Ehre Gottes an, um den sowjetischen Offizier zu unterbrechen und in der Versammlung fortzufahren. Der Soldat verließ den Raum. Die Botschaft wurde weiter verkündigt. Am nächsten Vormittag erschien ein anderer Offizier und sagte: »Du bist unter Arrest und mußt sofort mitkommen!« Als er im Büro des Kommissars eintraf, wurde James mit einer Mischung aus Mißtrauen und gespieltem Zorn empfangen. »Du bist ein Spion«, brüllte der Sowjetkommandant ihn an, »du bist nicht nur hier, um zu predigen!« Er untersuchte sorgsam den Paß des Ausländers und stellte fest, daß darin keine Genehmigung der Sowjets zu finden war. Dann hob er zu einer längeren Rede an: »Weißt du, daß du kein Recht hast, hier zu sein? Alles, was du hast, ist eine Erlaubnis der ungarischen Regierung. Aber das ist nicht genug. Weißt du denn nicht, daß Ungarn den Krieg verloren hat? Weißt du nicht, daß Rußland Verbündeter deines Heimatlandes ist und Ungarn jetzt unter Militärkontrolle steht? Alle Leute, ob Zivilisten oder Militär, müssen eine Erlaubnis haben, in dieses Land zu kommen, und eine Erlaubnis, wieder ausreisen zu können! Sogar der General Key von Amerika und Ministerpräsident Nagy müssen bei uns erst Erlaubnis holen, bevor sie herein oder heraus kommen! Wie bist du in dieses Land gekommen?«

Mit Moskau Kontakt aufgenommen

James erzählte ihm die Geschichte, wie er mit seinem ungarischen Visum im Paß zu Fuß über die Brücke von Preßburg aus nach Ungarn hineinmarschiert war. Dann versäumte er nicht, den Offizier daran zu erinnern, daß es doch viele Verbündete gebe und, obwohl die sowjetische Armee Ungarn eingenommen habe, der Krieg doch von allen Verbündeten gewonnen worden sei. »Wenn das nicht so wäre«, fragte James, »warum gehören dann zur Alliierten Kontrollkommission in Budapest fünfzig britische, fünfzig französische und hundert amerikanische Soldaten?« Der Kommissar wußte zunächst nicht, was er mit dem Schotten tun sollte, und erklärte ihm, daß er vorläufig in Haft zu bleiben habe, bis nähere Anweisung aus Budapest eingehe. So ohne weiteres ließ James sich jedoch nicht abspeisen. Als der Offizier ihm aber im weiteren Verlauf des Gesprächs mitteilte, wegen seiner Person sei bereits mit Moskau Kontakt aufgenommen worden, und er solle zum Hauptquartier nach Budapest gebracht werden, um dort wegen Spionage für England und die USA angeklagt zu werden, war James entsetzt.

Der freundliche Sowjet-Major

Am nächsten Tag bereits wurde er von einem jungen bewaffneten Major der Sowjetarmee nach Budapest zurückeskortiert. Der Mann in Uniform erwies sich als freundlich und war sehr um das Wohlergehen seines Gefangenen besorgt. »Krieg ist furchtbar«, sagte er einmal zu James und fügte hinzu: »Ich hoffe, daß du deine Frau und Kinder wiedersehen wirst. Meine eigene Familie habe ich schon fünf Jahre lang nicht mehr gesehen.« Er mußte eine Menge in Ungarn erlebt haben. Während sie durch diese und jene Städte fuhren, sagte der Major immer wieder: »Hier haben wir mit den Nazis gekämpft!« In Budapest im berüchtigten Hauptquartier der Sowjets an der Andrassystraße hielt man James erneut vor, er sei ein Spion. Er hielt ihnen entgegen, daß er sich über den

Vorwurf sehr wundern müsse: »Wie kann ich ein Spion sein, wenn ich britischer Staatsbürger bin und Großbritannien auf der Seite Rußlands steht? Wie kann ich Spion für die USA sein, wenn es doch die Regierung der Vereinigten Staaten war, die während der Invasion der Nazis dem russischen Volk Nahrung und Kleidung ins Land sandte?«

»Fragen Sie Marschall Woroschilow!«

Darüber hinaus erzählte James den Sowjetoffizieren, daß er ein Freund Rußlands sei, daß er die Menschen ihres Landes liebe und bereit sein würde, für ihre Nation zu sterben. Wegen der Verwüstung ihres Landes leide er ebenso wie sie selber. Während der Zeit des Krieges gegen die Nazis habe er sowohl in Amerika als auch in England an zahlreichen Aktionen teilgenommen, bei denen Hilfsgüter für die Bevölkerung Rußlands gepackt und abgesandt worden seien. Nach einigen Tagen änderten die Offiziere ihre Meinung und klagten James an, er sei ein Nazi. James bekam einen Lachanfall und fragte die Sowjets, wie sie das denn zu beweisen gedächten. Er sei überall als Agent der deutschen Spionage herumgereist, behaupteten sie stur, und sie würden ihm das schon noch beweisen. James konnte sich abermals das Lachen nicht verbeißen und präsentierte den Sowjetoffizieren die Überraschung, daß er Marschall Kliment Woroschilow, Oberbefehlshaber der sowjetischen Besatzungstruppen in Ungarn und Vorsitzender der Alliierten Kontrollkommission, persönlich kennengelernt habe. »Machen Sie sich die Mühe und fragen Sie bei Marschall Woroschilow an! Dazu können Sie auch in Prag Präsident Benesch fragen! Dann werden Sie sehen, was von Ihrer Anklage übrigbleibt!«

Sämtliche Reisen registriert

Dann zogen sie ihren größten Trumpf hervor und knallten ihm eine mehrseitige Akte auf den Tisch, die sie offenbar von ihrem Moskauer Geheimdienst erhalten hatten. »Wir können dir beweisen«, fuhren sie fort, »daß du der am meisten in ganz Osteuropa herumgereiste Ausländer bist, den wir überhaupt kennen! Du hast fast alle Städte und größeren Orte und Dörfer in Polen, Lettland, Estland, Litauen, im ruthenischen Gebiet, in der Tschechoslowakei, in Rumänien und in Ungarn besucht. Du warst in Lettland, gerade bevor wir Riga einnahmen. Du warst im rumänischen Bessarabien, bevor wir in das Land einmarschierten. Wir haben hier alle Informationen über dich!« James mußte noch einmal lachen und erklärte, er könne ohne Schwierigkeiten beweisen, daß er in all diesen nichts anderes getan habe, als das Evangelium von Jesus Christus zu verkündigen, und daß es sein größter Wunsch sei, eines Tages auch in allen Städten der großen Sowjetunion diese lebendigmachende Botschaft weitersagen zu dürfen.

Beste Möglichkeiten

Tag um Tag wiederholten sich diese Verhöre und Diskussionen. Immer und immer wieder kamen sie mit den gleichen Vorhaltungen, und mit der gleichen Hartnäckigkeit hielt James Stewart den Sowjets entgegen, daß ihre Anklage völlig ungerechtfertigt und unlogisch sei. Natürlich leugne er nicht, daß er kreuz und quer durch Osteuropa und zuweilen bis an die entlegensten Plätzchen gereist sei. Aber seine Mission sei ausschließlich eine himmlische, und niemals habe er sich irgendwo politisch betätigt. »Dann«, spritzten sie heraus, »glaubst du, du könntest uns erzählen, daß du deine Frau und deine Kinder über Monate allein lassen und dein Leben riskieren würdest, um in allen möglichen verlassenen Gegenden zu predigen? Wir sind nicht so naiv, wie du glaubst! Nebenbei, was ist denn dieses Evangelium, von dem du sprichst? Was predigst du denn den Leuten?« Solche Fragen brauchten sie James Stewart nicht zweimal zu stellen. Darauf hatte er nur gewartet. Und so bekamen sie die Botschaft von Jesus Christus und die Begründung dafür zu hören, daß dieser Herr allein die Hoffnung der Welt ist.

Sowjetische Denkbegrenzungen

Was den Sowjetoffizieren jedoch das meiste Kopfzerbrechen bereitete, war die Frage, wie der Schotte nach Ungarn hereingekommen war ohne jegliche sowjetische Militärerlaubnis. Seinen Bericht vom morgendlichen Fußmarsch über die Donaubrücke und den Kontrollposten, der ihn problemlos habe passieren lassen, lehnten sie rundheraus ab. James sagte ihnen, sie sollten noch einmal seinen Paß untersuchen, um festzustellen, daß die ungarische Regierung ihm einen verlängerten Aufenthalt genehmigt habe. Zudem bestand er darauf, daß er während seiner Zeit in Budapest ohne Ausnahme jeden Tag öffentlich gepredigt habe, und betonte: »Sie können sehr leicht alle meine Schritte nachverfolgen. Nichts ist verborgen!« Eine andere Frage wußten sie ebenfalls nicht zu klären: »Wenn du ein Priester bist, warum bleibst du dann nicht an deinem Platz, wo man dich ordiniert hat?« Alles, was sie kannten, waren russisch-orthodoxe Priester. »Wenn du ein Priester bist, warum bleibst du dann nicht in deiner Kirche und kümmerst dich um deine Mitglieder?« Diese Fragen eröffneten James neue Möglichkeiten, ihnen von den Reisen des Apostels Paulus und von dessen Dienst zu erzählen und ihnen klarzumachen, daß es auch heute noch Verkündiger gebe, die solche Arbeit von Stadt zu Stadt zu tun hätten. James konnte dabei mit eigenen Augen sehen, wie sich unter der biblischen Botschaft die Gesichter der Sowjetoffiziere mehr und mehr verzogen und offenen Abscheu ausdrückten.

Interventionen mit kleinem Erfolg

Plötzlich gab es viel Verwicklung: Während die Offiziere im ungarischen Sowjet-Hauptquartier immer noch auf Anweisung aus Moskau warteten, was mit dem Schotten zu tun sei, erhielten sie zu ihrem Schrecken einen Aufruf von einem Verbindungsoffizier der britischen Kontrollkommission, der Stewarts Freilassung forderte. Die Sowjets kochten vor Wut und fragten anhaltend den begleitenden jungen Major, wie denn die Briten und Amerikaner von der Festnahme des Priesters Kenntnis erhalten haben könnten. Zwei Tage später schaltete sich der amerikanische General Key ein und forderte, man solle den schottischen Missionar unverzüglich auf freien Fuß setzen. Darüber staunte auch James selber, denn er hatte diesen Mann noch nicht persönlich kennengelernt. Zumindest aber bewirkten die Einmischungen von seiten der Briten und der Amerikaner, daß James in begrenztem Maße die Freiheit erhielt. Die Sowjets behielten seinen Paß und sagten ihm, er stehe nach wie vor unter Hausarrest und dürfe Budapest nicht verlassen. Auch dürfe er während seines Aufenthalts in der Stadt nicht predigen. Als James ihnen wiederholt empfahl, sich seinetwegen an den Marschall Woroschilow zu wenden, gaben sie ihm zur Antwort, der Marschall sei nicht in Budapest, sondern zu Besuch in Moskau.

Dennoch nicht viel Hoffnung auf gutes Ende

James mußte dennoch erkennen, daß seine Situation, in der er sich nun befand, überaus zwiespältig war. Daß die Sowjets ihn nur auf großen Druck von außen aus der unmittelbaren Haft entlassen hatten, zeigte sich daran, daß draußen vor dem Hauptquartier der britische Verbindungsoffizier, der sich für James eingesetzt hatte, mit einem Jeep wartete und ihn mitnahm. Unterwegs zu einem Aufenthaltsquartier, das man für den schottischen Evangelisten vorbereitet hatte, erklärte der englische Offizier ihm in seiner typischen Mischung aus Nüchternheit und Freundlichkeit, daß man im Grund nichts für ihn tun könne und er mit ziemlicher Sicherheit von den Sowjets in Gefangenschaft geschickt werde. Das trug nicht gerade zur Beruhigung des Missionars bei. Aber seine größte Enttäuschung bestand darin, daß er nicht mehr nach Debreczin gehen konnte.

Erinnerungen an Debreczin

Diese Stadt wurde das »Genf Ungarns« genannt, weil sie die einzige fast ausschließlich protestantische Stadt in ganz Südosteuropa war. Hier gab es eine berühmte Kathedrale und ein theologisches Seminar, das in der ganzen Welt bekannt war. In Debreczin hatte James Stewart im Frühjahr 1940 seinen letzten Feldzug durchgeführt, als Großbritannien und Frankreich bereits im Krieg mit Deutschland lagen. Ungarn war zu jener Zeit noch neutral. Die Macht Hitlers und Mussolinis wurde immer bedrohlicher. Dann entschloß sich die Regierung von Rumänien – dieses Land stand mit den Magyaren schon immer in Auseinandersetzungen wegen Transsilvanien –, nach Ungarn einzumarschieren. In dieser Situation hatte James Stewart sechs Jahre zuvor Debreczin angetroffen, als dort alles unter strenger militärischer Kontrolle stand.

Versammlungen auf dem Universitätsplatz

Doch jene Lage hatte 1940 – wie in so vielen ähnlichen Fällen anderswo auch – nur zur Verbreitung des Evangeliums beigetragen. Tausende versammelten sich damals Abend für Abend auf dem Platz der altehrwürdigen Universität. Die Veranstaltungen leitete der reformierte Bischof von Debreczin, und seine Frau setzte sich aktiv als Seelsorgehelferin ein. James' Freude kannte keine Grenzen, als er erfuhr, daß dieser Bischof, der ihn auch übersetzte, einst einer der größten Kritiker der evangelistischen Arbeit gewesen war. Zum Zeitpunkt des großen Feldzugs im Frühling 1940 stand dieser Mann, der als einer der intelligentesten Geistlichen von ganz Ungarn galt und allgemein in hohem Ansehen stand, mit ganzem Herzen im Lager Jesu Christi. Er war für sein hohes Amt noch erstaunlich jung und hatte zunächst allen Vorbereitungen für die Evangelisation mit dem Eifer eines Heißsporns widerstanden.

Ein Bischof drang zum Leben durch

Insbesondere kritisierte der Bischof zunächst die ihm von dem schottischen Evangelisten angekündigte Botschaft, daß alle Trümmer und Verwüstungen der Welt auf den Abfall des Menschen von seinem Gott zurückzuführen seien und daß es aus der Not nur einen einzigen Ausweg gebe: die Erlösung durch das Blut Jesu Christi. Im Zuge der weiteren Vorbereitungsarbeiten für die Evangelisation hatten die Gläubigen in Debreczin angefangen, gezielt für diesen Bischof zu beten. Und Gott war gnädig gewesen. Sein Heiliger Geist hatte das harte Herz des jungen Kirchenfürsten überwunden. Als James Stewart damals in Debreczin eintraf und am Bahnhof von zahlreichen Christen empfangen wurde, brach der Bischof durch die Menge, fiel dem Evangelisten um den Hals und teilte ihm mit, er sei wiedergeboren, Jesus Christus sei nun sein persönlicher Herr und Heiland. Dann hatte er voller Aufregung gesagt: »Jakob, ich werde dein Übersetzer sein. Wie wunderbar, daß wir dieses herrliche Evangelium zusammen predigen dürfen!«

Bibelunterricht und grosse Gebetstreffen

Von 1937 an bis 1940 hatte James jedes Jahr in Debreczin eine Evangelisation durchgeführt. Als er zum letzten Mal seinen Feldzug begann, ließ er durch seinen Übersetzer, den Bischof, die Menge fragen, wie viele von ihnen in den Einsätzen der letzten drei Jahre gerettet worden seien. Etwa 80 Prozent aller Anwesenden hoben die Hände. Das bewog James und die anderen Verantwortlichen der Evangelisation, mehrzügig zu arbeiten. Zu verschiedenen Zeitpunkten gab es an jedem Tag verschiedene Programme: Früh morgens Gebetsstunde, nachmittags Bibelunterricht zur Stärkung der Gläubigen, abends öffentliche Evangelisation unter freiem Himmel und danach, zwischen 22 und 23 Uhr, ein Gebetstreffen zum Tagesausklang. Überraschungen gab es vor allem mit dem Bibelunterricht und dem nächtlichen Gebetstreffen. Die Schulung in Gottes Wort war durchweg völlig überlaufen, einmal nahmen bis zu 1000 Menschen daran teil. Der Ansturm zum späten Gebetstreffen war unvorstellbar. Die Menschen rannten in Scharen durch die Straßen, so daß manchmal deshalb der Verkehr der Innenstadt ins Stocken geriet. Sie alle wollten noch in das lange, schmale Gebäude eingelassen werden; der Platz im Haus war begrenzt, und wenn es voll war, wurden alle anderen, die noch kamen, abgewiesen.

Gottes Licht in verdunkelter Stadt

Die Abende im Frühling 1940 wurden zunehmend wärmer. Die Zahl der am Evangelium interessierten Menschen auf dem Universitätsplatz stieg ständig an. An einem solchen Abend, während James Stewart predigte, gab es plötzlich in der Menge der Zuhörer eine Unruhe. Zu den Gläubigen, die mit Gebet und Tat hinter der Evangelisation standen, gehörte ein älterer, liebenswürdiger General, der auch bei jeder Abendveranstaltung anwesend war. Zu ihm kam ein jüngerer Offizier in Uniform gelaufen und flüsterte ihm etwas ins Ohr. Der General ging sofort zu dem dolmetschenden Bischof und flüsterte die Nachricht weiter. Von ihm erfuhr James, was in der Luft lag: Es wurde jeden Augenblick mit einem Angriff rumänischer Flugzeuge auf die Stadt gerechnet, für ganz Debreczin wurde Verdunkelung angeordet, und nun sollte die Veranstaltung unverzüglich abgebrochen werden, damit die Menschen heim und in die Keller ihrer Häuser fliehen konnten. James und der Bischof gaben den Zuhörern die Nachricht leise und ruhig bekannt. Gleichzeitig gingen in der Stadt um sie her alle Lichter aus. Die Aufforderung, sofort nach Hause zu gehen, stieß auf Widerspruch. »Predige du zuerst zu Ende«, riefen etliche aus der Menge, »wir bleiben solange!« Das tat James mit großer Freude. Zum Schluß fragte er: »Möchtet ihr, daß wir an den nächsten Abenden trotz Verdunkelung mit der Verkündigung weitermachen?« Im fahlen Mondlicht konnte er erkennen, wie sämtliche Zuhörer ihre Zustimmung signalisierten, indem sie die Hand hoben.

Am nächsten Tag gab es mit Militär und Polizei eine ausgiebige Debatte, nach der dann die Erlaubnis gegeben wurde, daß die Freiversammlungsevangelisation auf dem Universitätsplatz noch zwei weitere Abende andauern durfte. Am letzten Abend in Debreczin flossen viele Tränen. James predigte über den 41. Vers aus Kapitel 19 des Johannes-Evangeliums: »Es war aber an dem Ort, wo er gekreuzigt wurde, ein Garten und in dem Garten eine neue Gruft, in die noch nie jemand gelegt worden war.« Er hob hervor, daß jedermann in seinem Garten so eine Gruft hat. »Der Garten deines Lebens mag an diesem Tag angenehm und herrlich sein. Aber vergiß nicht, daß da ein Grab ist. Ihr werdet bald Leid, Unglück und sogar den Tod erleben, denn da ist ein Grab in jedermanns Garten«, fuhr James Stewart fort, »du magst jetzt noch die größten Aussichten deines Lebens vor dir ausgebreitet sehen. Aber denk daran, daß der Tod noch ein Treffen mit dir hat. Es ist dem Menschen gesetzt, einmal zu sterben, danach aber das Gericht! Leben ohne Christus ist unsicher. Leben ohne Christus ist absolut leer. Lieber ungeretteter Freund! Der Herr Jesus klopft heute abend an deines Herzens Tür! Willst du ihn nicht einlassen, daß er dein Herr und Heiland wird?«

SEHNSUCHT NACH DEN GLAUBENSGESCHWISTERN

Das scharfe Schwert des Geistes durchbohrte an diesem letzten Abend in Debreczin noch einmal viele Herzen. James konnte in der Dunkelheit die Gesichter seiner Zuhörer nicht sehen. Aber an ihrem Atmen konnte er hören, daß Gott gesprochen hatte. Als er die letzte Einladung gab, Jesus als Herrn und Heiland anzunehmen, waren es an die 400 Hände, die im stillen Mondschein in die Höhe gingen. Als James damals diese Stadt verließ, hatte er nur den einen Wunsch im Herzen, hier so bald wie möglich weiterarbeiten und mit der Gemeinde der Heiligen vor dem Herrn stehen zu dürfen. Doch dann kam zunächst der Krieg dazwischen. Und mit jedem Jahr wuchs in James die Sehnsucht, wieder nach Debreczin zu gehen. Als es ihm nun nach Kriegsende gelungen war, Ungarn wieder zu betreten und den Menschen dieses von ihm so geliebten Landes die frohe Botschaft erneut zu sagen, hatte er Debreczin als einen seiner Höhepunkte in der Evangelisationsreise eingeplant. Der Bischof, der nach wie vor am Ort seinen Dienst tat, hatte ihm auf sein Anschreiben geantwortet, er komme persönlich, um ihn mit dem Auto abzuholen. In Debreczin warte man sehnlichst auf ihn und die gute Botschaft. Nun aber schien Gott es zuzulassen, daß die Sowjetmacht einen Strich durch die Rechnung machen konnte. Und das beschwerte James Stewarts Seele im Augenblick mehr als alle Sorgen um seine Zukunft. Später bekam er zu hören, daß sich an jenem Abend, da die Evangelisation in Debreczin mit ihm hätte beginnen sollen, Tausende aus weitem Umkreis versammelt hatten und schwer enttäuscht wurden, als man ihnen mitteilte, daß die Sowjets den Evangelisten nicht weiterziehen ließen und auch keine Genehmigung zu der Veranstaltung gegeben hatten.

Gott greift ein: Der Weg in die Freiheit

Obwohl James sich in Budapest frei bewegen konnte, erzählte ihm jedermann, daß sein Leben in großer Gefahr sei. Immer wieder warnte man ihn, die Stadt bloß nicht ohne Genehmigung der Sowjets zu verlassen. Der britische und der amerikanische General ersuchten noch einmal um die Entlassung des Schotten. Sie wurden höflich und kühl abgewiesen. Dann schaltete sich Ungarns Präsident Tildy Zoltan ein. Doch auch er konnte nicht helfen. James Stewart wunderte sich ein wenig, wie erstaunlich ruhig er selber bei alledem plötzlich bleiben konnte. Er ging in der Stille vor seinem Gott auf die Knie und sagte: »Wie wunderbar, Herr, daß nun alles nur noch an dir hängt! Wenn es dein Wille ist, so kannst du eingreifen!« Und Gott griff ein. Er benutzte den tschechoslowakischen Präsidenten Eduard Benesch. Dieser hörte von James' Festnahme und sandte sofort ein Telegramm an den Botschafter seines Landes in Budapest. Darin gab er bekannt, daß er, der Präsident, den Mr. James Stewart aus Schottland als Gast der Tschechoslowakei offiziell nach Prag einlade und deshalb Marschall Woroschilow für diesen Mann um Sicherheitsgeleit bis zur Landesgrenze bitte.

Die britischen und amerikanischen Militärs von der Alliierten Kontrollkommission hörten von dem beachtlichen Telegramm, hatten jedoch deutliche Zweifel, ob der Marschall die Entlassung Stewarts unterschreiben werde. Sie alle schienen zu vergessen, daß Eduard Benesch von früherer Zusammenarbeit im Kampf gegen die Nazis her Stalin gut kannte. Und so waren alle sichtlich überrascht, als der britische Verbindungsoffizier mit der guten Nachricht kam: »Der Marschall hat unterzeichnet!«

Keine Freiheit des Evangeliums mehr

Als James in die Tschechoslowakei zurückkehrte, entdeckte nicht nur er es, sondern alle spürten, daß es in der Luft lag: Noch war die nationale Regierung von Präsident Benesch und Außenminister Masaryk im Amt, da liefen die Vorbereitungen der Kommunisten, ihre eigene Vorstellung von »Frieden« zu verwirklichen und sämtliche Staaten Europas einzukassieren, auf Hochtouren. Daß es trotzdem noch bis zum Februar 1948 dauerte, bis die Kommunisten ihren Staatsstreich wagten, lag an der patriotischen Einstellung vieler Bürger des Landes, die sich von noch so viel ideologischer Beeinflussung nicht freiwillig umstimmen ließen. Doch bereits im Frühsommer 1946 wagten es die Prediger und Pastoren in der Tschechoslowakei nicht mehr, James Stewart zu öffentlichen Veranstaltungen einzuladen. Ihnen allen war bekannt, wie sehr die Sowjets jedem Fremden mißtrauten, und daß sie vor allem nicht wollten, daß irgendein Evangelist aus dem Westen in ihrem Einflußbereich das Wort Gottes predigte.

Wiedersehen mit der Familie

So blieb ihm nichts anderes übrig, als zunächst nach Großbritannien zurückzukehren. Hier gab es ein Wiedersehen mit seiner Familie. Die große Freude konnte jedoch nicht die Tatsache überdecken, daß er das größte Stück seines Herzens in Osteuropa gelassen hatte. Insbesondere flogen seine Gedanken immer wieder nach Prag, Budapest und Debreczin. Immer wieder brachte er die Glaubensgeschwister aus diesen Städten wie auch aus vielen anderen Bereichen Osteuropas im täglichen Gebet vor seinen Herrn. Sein Herz war voller Lob und Dank darüber, daß er selber hatte mit eigenen Augen sehen dürfen, wie das vor dem Zweiten Weltkrieg in die Herzen der Menschen ausgestreute Wort, dessen Same aufgegangen war und ewiges Leben hervorgebracht hatte, die von Bombenhagel, Feuersbrunst und Massentod hervorgerufene Hölle auf Erden überlebt hatte und der Geist Gottes nach wie vor in der Mitte der Erlösten wirkte. Er war sich auch völlig sicher, daß die von den Kommunisten herbeigeführte Drucksituation das Glaubensleben der echten Christen in Osteuropa lebendiger und brennender erhalten würde, als er es bei den überwiegend meisten Christen in der nach allen Seiten gesättigten und übersättigten westlichen Welt kannte.

Neue Diener Gottes ziehen in die Welt hinaus

In Großbritannien wie auch in Amerika und manchen anderen Staaten konnte James Stewart noch viele gesegnete Verkündigungsdienste tun, bei denen ungezählte Menschen den Ruf Jesu vernahmen und nicht wenige diesen Ruf auch annahmen. Gleichzeitig entstand, langsam und unaufhaltsam, ein Missionswerk, das laufend berufene Diener Gottes und Verkündiger der frohen

Botschaft in die meisten größeren Länder der freien Welt hinaussandte und mit dieser Aufgabe bis heute weiterwächst.

Letzter Abschnitt in der Schule Gottes

Gegen Ende der sechziger Jahre ließ James Stewarts körperliche Gesundheit frühzeitig nach. Wer es wußte, wie sehr sich dieser Mann in Rastlosigkeit und Einsatzeifer für seinen Herrn verbraucht hatte, wunderte sich nicht darüber. Vor allem lang anhaltende, schwere Kopfschmerzen ließen auf ein Nervenleiden schließen. Zusammen mit seiner Familie, zu der in den fünfziger Jahren noch eine Tochter hinzugekommen war, erholte er sich eine Zeitlang im sonnigen Süden Europas. Einige Zeit später wollte er noch mit seiner Frau nach Indien fahren, wo für die beiden eine evangelistische Reiseroute vorbereitet worden war. Doch dazu kam es nicht mehr. Während einiger Tage Aufenthalt in Edinburgh in Schottland wachte James eines Morgens, es war Spätsommer 1970 auf, als aus einem Ohr Blut floß. Er ging damit sofort zum Arzt. Die Erfahrung des blutenden Ohrs hinterließ in ihm einen Schock, der auch durch die schnell ausgeführte und sehr erfolgreiche Operation nicht mehr behoben wurde. Bald stellten sich bei ihm Symptome der Parkinsonschen Krankheit wie auch von Arteriosklerose ein. Für restliche viereinhalb Jahre seines Lebens wurde James Stewart schlicht beiseite genommen. Er hatte die allerletzte Schule zu durchlaufen – zu warten, zu glauben, den Wegen seines himmlischen Vaters zu vertrauen. Dies tat er, bis der Herr ihn am 11. Juli 1975 in die ewige Herrlichkeit heimrief.

»Die Tage sind gezählt«

Viele Menschen, die ihn kannten und seine Botschaft hörten, erinnern sich daran, daß er im Gedenken an die Glaubensgeschwister in Osteuropa den Gläubigen des Westens immer wieder mit großem Ernst zurief: »Die größte Berufung eines jeden Christen ist, heute für Christus zu leben – überfließend, handelnd, angreifend und freudig in der Kraft des Heiligen Geistes! Und vergeßt nicht, daß die Tage gezählt sind!«

